The Great British Quirks

大不列顛小怪癖

讀者太太的英國文化驚奇點評

讀者太太
Mrs Reader
著

寫給我的英國家人朋友：
雖然你們有點奇怪，但不減我對你們的愛。

推薦序

一言難盡的日不落國

文／吳俊輝（臺灣大學教授暨駐英科技參事［2017-2021］）

依循西人的寫作規矩，我先講結論：這是一本很勇敢的書，把英倫的美好和其深層的隱晦面，都很誠懇地呈現交織出來，讓我看著看著，從內心微笑、開口呵呵到不禁拍掌哈哈，因為有許多都是我雖然知道卻不敢公開講出來的事，實在引起莫大共鳴。

讀這本書時，我常心想這不是大家都知道的事嗎？幹嘛講出來？但再想想不對，這些事應該是只有在英國長住、與英國人日常相處過的人才知道，而正在讀這篇短文的讀者應該不會知道！

例如英國人說「這很有趣」其實是指這很無聊我沒興趣（或甚至是暗示你別再講了）、汽車閃頭燈表示禮讓（在臺灣則表示示威，所以英國人在臺灣開車應該很危險）、急診通常都不急（二〇一八年我手肘碎裂性骨折去掛急診等了四個多小時，拍完

X光後只給一顆止痛藥，然後安排一星期後看門診）、聖誕節要和臨座拉炮而幸運者會有聖誕皇冠可戴、上大學前要讀 Sixth Form（我家兩小都讀過）等，這些種種，對於長住英國的人而言都是常識。

我在一九九五年至一九九九年於英國攻讀碩士與博士學位，返臺任教前又在美國工作了幾年，二〇一七年至二〇二一年又被外派到倫敦工作，前前後後在英國住了八年多，所以很清楚書中所提大小事。大家千萬別以為講英文的國家風俗民情都很類似，其實不只英、美之間存在著極大的差異，英國也和旁邊的歐陸諸國很不一樣，至少他們自己是這樣認為。

坊間已有不少關於英國的書，但大多圍繞在觀光、藝文、留學、歷史等主題，《大不列顛小怪癖》不一樣，除了不落俗套地交代了該有的美好諸事，也透過作者自己整理的資料、親身的日常經驗及故事，更深層地讓我們看到英國的內在及文化世界。坊間的書談的大多是皮、肉，這一本談的是骨、髓，卻又不失風雅平易，能讓你在笑著笑著的過程中就英國魂上身。例如它提到日常對話中的蹊蹺及寓意、脫歐的心態、同理心文化等，都不是來留學幾年就能知道的事。

這本書也可以是一本工具書，除了該有的休閒風花（例如英式下午茶、餐點蛋糕、酒吧文化等）以及進一步的旅英資訊（例如火車地鐵、水電費保險費及商品的比價折價、聊天說話的技巧等）之外，連更深層的移民長居常識都有（例如考駕照、購屋、結婚、健保系統等），好不讓人佩服。讀者們可以透過淺顯易懂的標題很快找到自己有興趣的主題，而這些都是需要花時間細心記錄日常、蒐集查證資訊、再加以精心分類編纂才有的成果，實在不簡單。

讀完這本書，我不只是對它所傳達的文化差異產生強烈共鳴，更感受到一份真誠的摯愛。英國人的禮儀習性雖偶爾會被冠以虛偽之名，但他們總是始終如一，連國會的質詢對答也文謅謅，乍聽起來總像在講空話，但那是由內而外的一種涵養，反觀我們自稱禮儀之邦，實則？我們常說臺灣最美的風景是人，但這種美景在我國國會及媒體上似乎都看不到。英國人的禮儀外表下大多蘊含著悶騷但務實的耐心及正義感，什麼事都不急，連街上的乞丐都彬彬有禮（我是講真的），我想日不落國有它的道理，從疫情大爆發到疫苗大成功即可看出端倪。他們的軟實力實在值得我們深入探討與學習，而這本書也點出了一二，希望你也和我一樣喜歡它。

推薦序

值得一探究竟的「英國限定」

文／陳斌全（文化部駐英國文化組組長、前國家電影中心執行長）

初識讀者太太，聽聞她要以移居英國長期以來的生活觀察為內容寫書時，我隨即問道：「會提『耐人尋味』的英國家戶水龍頭配置嗎？」讀者太太連番稱是，惹得我們同桌捧腹大笑。

留學與工作使然，我幾度回到倫敦長居短住，對於諸多日常存在已經入境隨俗甚而無感，其實書中提到的許多日常風景與文化現象，都是相當值得一探究竟的「英國堅持（限定）」。讀者太太從親身體驗舉例並引用資料爬梳原委，夾敘夾議促進觀者們對英國的了解，是爽快的閱讀經驗。

喜歡從生活與文化現象挖苦英國人（或更正確一點說，是英格蘭人），似乎也不只是身為臺灣人的讀者太太專屬；英國的歐洲鄰居們、亦或是其他同為英語系的國家，也有不少類似著作。放大來看，對於異文化的比較乃至於模仿，是不同文化背景者了解彼此的途徑；英國有深厚的歷史人文積累，在世界史上因為貿易與商業擴張的過往，在世界各地留下或深或淺的痕跡，對其正本溯源的探究，或許是這些不論學術、文學、各類創作亦或閒話家常考掘的源由。電影《金盞花大酒店》裡，茱蒂·丹契飾演的角色Evelyn前往印度找尋銀髮生活的意義，受邀到國際外包的電話客服中心教授客服人員英式文化，仔細解說完何為Bulider's tea之後，在座者皆恍然大悟貌，可見一斑。

讀罷此書意猶未盡之餘，還想起一件事：喝茶吃司康（scone），奶油和果醬先塗哪一個，也是永無止境的辯論；此事逼得白金漢宮的女王管家出面公布皇家步驟，企圖消弭爭端。這類融合地域、甚至牽扯到出身背景的飲食習慣，和臺灣每到端午節前後的南、北粽之爭，差可比擬，可看做是人們對於文化表徵背後所代表的自我認同，進而增進彼此理解的過程，無輸無贏。觀看他人照見自己，是透過各式閱讀，以及和不同文化、地域背景的人實際交流後，所能學到的事。

推薦序

人無癖不可與交

文／林欣蘋（《換日線》內容主編）

如果說《瞧這些英國佬》背後是個深陷職業病的人類學家、《比爾・布萊森的大不列顛碎碎唸》反映了一個喋喋不休的記者魂；那麼《大不列顛小怪癖》就是一位行銷人的出色發揮——將大不列顛同時行銷給了早已經深愛她，以及還沒機會認識她的讀者。

做為曾短暫旅英一年的留學生，我只花一天就讀完了《大不列顛小怪癖》，閱讀過程彷彿跌入記憶宮殿，更升起一股「相見恨晚」之感。

我在蘇格蘭獨立公投結束不久即赴英國攻讀碩士，卻在換匯時錯過了匯率低點，又抽到一間剛好位在倫敦精華地段——國王十字車站（King's Cross）的新建宿舍，因此一到倫敦就飽受物價高昂之苦。

一如書中提到的，在英國，若「票選讓大部分人最感吃不消的生活開銷，交通費絕對榮登冠軍寶座」。身為有大把時間可揮霍、唯獨沒錢能浪費的窮留學生，即使身處倫敦重要的轉運樞紐之一，我仍然養成了用雙腳走逛倫敦的習慣——平日到霍本站（Holborn）上學、農曆新年時到朋友位在巴比肯（Barbican）的租屋處圍爐、溫書周至議會大樓圖書館（Senate House Library）苦讀、周末到大英博物館看展、在西區（West End）觀賞音樂劇、赴中國城買河粉和辣椒醬解饞……

這一段段的旅程全都靠雙腳代步，而路上又抵擋不了好奇心，不時就會「偏離正軌」、拐彎繞道到其他街區探險，一度走到肌肉發炎（不誇張）仍捨不得停歇。因此當讀著書中「正港英國人」的省錢撇步，不禁揣想自己若早點熟讀本書，或許就能少走點「冤枉路」，過得更道地一些！

不過也因為這段繞路的日子，讓我有幸蒐集了許多美好的相遇，諸如在 The Shakespeare pub 亂入陌生人的生日派對、在中央聖馬丁設計與藝術學院（Central Saint Martins College of Art and Design）誤闖學生正在拍攝的藝術項目、與偶遇的蘇格蘭人大談政治，肯認彼此的「國家」主權……異鄉生活固有其艱難，卻也令人神醉情馳。

而透過讀者太太的清點，每一個篇章都能觸發一段英格蘭記憶，包括英國人喝茶「先加奶再加茶」的堅持（我非常同意用這個黃金定律泡出來的奶茶確實不同凡響）、

binge drinking的瘋狂（這點很快在期中考前夕感染了我的各國同學），乃至於沒有冷氣的夏日時光（猶記得自己曾傻傻地問宿舍管理員，如何把房間裡的暖氣調成冷氣）。

更甚者，我從她旅英逾十年的洞察，獲悉了不少過去從未留心的文化特色，如英式早餐的真相、賺多少花多少的金錢觀、全民斜槓的社會風氣，甚至是從高跟鞋折射出的英式時尚。任何移民即使久居英國，若非身邊長年圍繞著大不列顛子民，能夠即時針對怪象「市調」，恐怕也很難準確掌握英國人的神髓。

全書雖開宗明義地點出了大不列顛之「怪」，字裡行間卻飽含對這個古怪島國的特殊情感，並透過幽默的文筆細數其怪異的民族魅力，令人在掩卷後，腦中不禁浮現「人無癖不可與交，以其無深情也」一語，並深覺這大概是「怪咖」如英國人，在面對外界不理解的眼光時，最好的辯詞。

前言

當文化衝擊成為生活常態

二〇〇八年因為申請志工簽證，我第一次踏上英國的土地。記得飛機降落在倫敦希斯羅機場時，我對自己說：「這是我在歐洲唯一的一年，一定要好好把握，多多體驗異國文化，感受文化衝擊到底有多震撼。」當時的我並不知道，幾年後自己會定居在這個帶給我無數文化衝擊的國家，更沒有料到當我在英國落地生根十幾年，建立家庭和事業後，仍然不斷受到文化衝擊的挑戰。

第一次在英國感受到文化衝擊，是在倫敦的寄宿家庭看到 home 爸洗碗。

我的寄宿家庭是棟美麗的維多利亞式三層樓花園洋房，維持傳統格局的廚房內並沒有洗碗機，每天吃完晚餐固定由 home 爸洗碗。他洗碗的方式非常特別：先在水槽裡倒入洗碗精，再放滿水，等整個水槽都充滿泡泡時，就把所有用過的碗盤和餐具一起放進水槽，然後拿起海綿在水槽內洗碗，洗完碗不沖水，直接把附著泡泡的碗盤和餐具晾在水槽旁的架子上。

我看了非常驚訝，問 home 爸難道不用沖掉洗碗精的泡泡嗎？沒想到他居然一派輕鬆地說：「泡泡會揮發掉，不用擔心。」當時 home 爸臉上和藹可親的笑容我到現在還記得，或許他從來沒想過會被一個臺灣來的女孩子質疑洗碗方式，所以才想用微笑化解尷尬吧？

後來我才知道，英國人這種特殊的洗碗方式真的「獨步全球」，和他們刷完牙不漱口有異曲同工之妙，就連歐洲其他國家的人也不了解這種洗碗不沖水的邏輯。只不過臺灣人質疑的是洗碗精殘留對健康的影響，法國、義大利、西班牙等歐洲人在意的則是洗碗精如果留在碗盤上是否會影響食物的味道。

遇到讀者先生後，發現他竟然也是英式洗碗法的奉行者，害我花了好大功夫才成功說服他洗碗要沖水。其實不只洗碗，我們在日常生活中、思想觀念上有著太多的不同，根本不可能一一改變。要求一個來自不同文化的人照著我習慣的文化生活，無異是緣木求魚。

經過多年磨合，我們之間大部分的歧義不是各退一步、達成協議，就是其中一方被另外一方說服，覺得對方的觀點雖然和自己過去數十年的想法有出入，但因為對方說得有道理，最後決定採納對方的想法——我想這就是文化融合的真諦：用外來文化讓自己更進步，而不是固執地堅持過往習以為常的觀念。

二〇二〇年新冠肺炎疫情爆發後，看著英國人從一開始拒絕戴口罩，科學家甚至發表「口罩無用論」，直到疫情帶走了四萬多條生命，英國政府終於承認戴口罩的防疫功能，開始強制國民必須戴上口罩，我感覺自己雖然已在英國生活超過十年，其實仍然和土生土長的英國人有著根深柢固的差異。從洗碗方法到防疫政策，文化衝擊無所不在，當我以為自己已經夠了解英國人時，他們總有辦法讓我更驚訝。

這引發了我寫這本書的念頭，想藉由介紹我眼中的英國「小怪癖」，探討某個特殊現象背後的成因，以及它是如何在特定的文化下，經過多年的約定俗成，漸漸累積醞釀而成。希望在幫大家打預防針的同時也提醒自己，永遠不要把自己的思考模式套用在別人身上，我們看起來很怪的現象也許是別人的生活常態，學會尊重多元文化、了解文化差異、培養文化同理心，才是身為地球村公民必須具備的素質。

目次

Contents

PART II

日不落國的普通生活

PART III

關於盎格魯薩克遜民族

PART IV

大英子民所思所想

PART I

茶和酒，有時還有蛋糕

負負得正的熱茶消暑法

來自亞熱帶島國的臺灣人大概很難想像，地處溫帶的英國夏季平均氣溫只有攝氏十八度到二十五度，畢竟十八度對我們來說根本就是準備穿外套的節奏。更慘的是，英國一整年大概有十一個半月都是陰暗溼冷的天氣，七月和八月對英國人來說只是日曆上的月分，並不是夏天的保證，因此許多人都會前往西班牙或南法等地度假，在地中海的沙灘享受豔陽，感受「真正的夏天」該有的高溫。

話雖如此，近幾年由於溫室效應造成氣候異常，英國愈來愈常出現讓人陷入恐慌的三十幾度高溫，幾乎每年夏天都有那麼幾天熱到讓人靈魂出竅，譬如二〇二〇年英國的最高溫出現在八月初的倫敦，高達三十七度的氣溫讓人有種回到臺灣的錯覺。

用「陷入恐慌」形容遇到高溫的英國人可是一點也不誇大，因為電扇在英國不是非常普遍，冷氣更不用說，大概只有百貨商場或公司行號會裝。在英國住了十年，我從來沒看過任何一戶人家有裝冷氣。

沒有電扇也沒有冷氣，如何不在三十幾度高溫裡中暑成了一門學問。每年夏天英國各大新聞臺都把這個話題當成頭條新聞，除了邀請氣象專家分析原因，特別聘請紅十字會人員錄製節目教導觀眾如何避免中暑，甚至把相關小撇步做成畫面下方的跑馬燈，不斷循環播報，根本就是以英國隊在奧運榮獲獎牌的規格在報導。

仔細分析這些撇步，其實都是些基本到不行的常識。像是避免穿著深色衣服、多補充水分等，讓人邊看邊忍不住碎念，與其邀請紅十字會，還不如讓我這個亞熱帶的避暑達人幫你們上一堂課！

除了新聞媒體大幅報導，網路上也流傳著許多讓人會心一笑的英式避暑法。

第一招，去超市、百貨或速食店吹冷氣。這招我在臺灣就常用，要提醒的是，英國的冷氣機技術近幾年雖然已跟上時代腳步，有些商店的冷氣不知是老舊還是為了節能環保，「冷度」不太給力，不是臺灣那種一踏進店家就透心涼的冷，所以使用這招的運氣其實滿重要的。

第二招，拉幾把凳子去院子裡乘涼。不要笑！這種充滿古早味的避暑方式真的是英國人最普遍採用的招數。大部分英國人家裡都有院子，每當熱浪來襲，前後左右幾乎整條街的人都會移駕到自家後院，利用自然風降溫。只不過夏天的英式花園裡總是充滿蜜蜂和黃蜂，千萬別忘了點上蚊香，減少擾人的嗡嗡聲和被叮咬的風險。

第三招，盡量不要穿衣服。好啦！我承認有點誇大，英國媒體並沒有光明正大鼓勵大家裸體，但真的有教大家不要穿太多衣服，而且盡量選擇輕薄短小的服裝！一定要穿衣服的話，建議選擇吸汗的純棉衣物。

第四招，買把扇子自己製造涼風。所謂的路不轉人轉，家裡沒有冷氣或電扇又怎樣？只要有夢想和雙手，沒什麼事難得倒英國人！

第五招，把手腕脈搏處浸在冷水裡散熱。這招我試過，沒、有、用！或許對於基因產自溫帶的盎格魯薩克遜人有用也說不定。

第六招，狂洗冷水澡。這招我在臺灣幾乎天天用，看來是個舉世推薦的避暑大絕招。

第七招，喝一杯滾燙的熱茶。

哈囉?!四月一日愚人節？大熱天要人喝熱茶避暑也太不可思議了吧。天氣熱難道不是應該來杯透心涼的大冰奶嗎？怎麼會有人想邊流汗邊喝熱茶！

對於大不列顛的子民來說，動不動就把冷飲搬出來是亞熱帶島國的思維，愛喝熱茶的英國人，譬如讀者先生和我那典型英國傳統婦女的婆婆深信，一杯比燒仙草還燒的熱茶，絕對能在烈日下達到神奇的降溫效果。

這套毫無科學根據的理論聽起來雖然相當荒謬，卻是英國人奉行的消暑絕招。如果你抱著科學研究的精神追問背後的原理，他們當然是講不出個所以然，卻會用幾近於傳教士的堅定口吻要你試試看，並堅持試過即知箇中奧妙。

就我個人經驗來說，不知道是否基於心理作用，或許有點類似以毒攻毒、負負得正的概念，喝杯熱茶還真的對消暑有點幫助。我猜大概和喝熱茶時需要耐心等待茶水降到可以入口的溫度有關，等著等著，「心靜」就「自然涼」了。

愛喝熱茶的英國人到底多怕茶冷掉，從為茶壺製作「外套」可見一斑。茶壺保溫罩的英文是「tea cosy」，逐字直翻成中文甚至有「茶感覺舒適」之意，讓人不禁想問英國人到底有多愛茶？竟然還怕它冷到！tea cosy 通常用毛線織成，色彩鮮豔、造型可愛，算是極具英國特色的伴手禮。我那熱愛打毛線的婆婆就常常自己製作 tea cosy 打發時間，並讓我分送給臺灣的親朋好友。

連三十幾度的大熱天也可以變成喝熱茶的好時機，某種程度似乎反映了英國人對於茶的偏執，畢竟打從十八世紀大英帝國的海盜船隊從印度大量引進茶這種原本在歐洲只有上流社會才喝得起的飲料後，英國人就變成全世界最愛喝茶的民族之一，不但打破了茶在階級之間的流動，更將喝茶推廣為全民運動，平均每人每年可以喝掉一・九公斤的茶葉！

事實上，英國人不僅愛喝茶聞名於世，他們對「tea」這個字似乎也情有獨鍾，日常對話中這個字的出現頻率異常地高，有時甚至是指和茶無關的事物，譬如英國有名的三層盤下午茶叫「high tea」，指的是內含三明治、司康與蛋糕的點心組

婆婆自製的茶壺保溫罩，是不是非常可愛？

合。「tea round」則是辦公室中常見的慣用語，指的是同事間為彼此準備熱飲的社交文化，通常會由一人為整個團隊泡茶或咖啡，泡一輪就是一個round，下個round再由團隊裡的其他成員輪流執行。

另一方面，解讀「tea」這個字同樣需要一點技巧。茶歇叫「tea break」不意外，但晚餐時間叫「tea time」就有點令人匪夷所思，原來在英國，晚餐除了叫「dinner」，也叫「tea」。

十年前剛到英國時，每當有鄰居說「Come to our house for tea」，我總是搞不清楚他是要邀請我吃晚餐還是純粹喝杯茶。後來才知道如果只是純

我們公司的 tea round 以組為單位，人數比較少，常常一次只需要泡三杯茶就好。

喝茶，大部分英國人會說「Come for a cup of tea」。但並不是每個英國人都會說得這麼明確，有時還是要從上下文以及你和對方的交情來判斷這次的邀約是個飯局還是茶局。

既然講到晚餐，一定要稱讚一下英國人的晚餐時間，因為和臺灣人非常接近！都差不多是晚上六點到七點之間，不用像在法國或西班牙那樣必須撐到晚上九點才開動，英國這種非常符合亞洲胃的晚餐時間，對於東方人來說絕對是一大福音。

英國的晚餐時間之所以如此「正常」，和他們的工作作息有關。英國和大部分亞洲國家一樣，午休通常維持在一小時左右，有些講究效率或希望準時下班的公司甚至把午休定為半小時，因此英國上班族的午餐通常很簡單，不是冷冷的三明治就是冷冷的捲餅（wrap），感覺他們真的很想爭取時間，連加熱便當的時間都不願意浪費。冷三明治不論外表或內容都不太可能讓人產生滿足感，因此每到傍晚五、六點，英國人多半已經準備好吃一頓熱騰騰的大餐了。法國或西班牙等地中海民族的午休通常代表能好好吃一頓三道式套餐（three-course meal），再加上小睡一番的兩、三個小時，導致晚餐時間往往被推遲到九點以後。

除了「tea」字很常見，喝茶的方法同樣是門學問。英國人雖然不像我們有所謂的茶道，從挑茶葉、泡茶到選茶具都有一套理論，但對於在紅茶裡加牛奶的時機可是有著莫名的堅持。

對西方茶文化稍有了解的人應該都知道，大部分西方人習慣在紅茶裡放一點牛奶。然而，英國人堅持先倒牛奶，等茶泡好時再倒入已經裝有牛奶的茶杯，歐陸人則認為將新鮮牛奶倒入剛泡好的茶才是最講究的喝茶方法。

英國人的泡茶習慣之所以和歐陸人大異其趣，不是因為喜歡唱反調，而是有歷史根據。英國從十八世紀開始喝茶時就流行用精美的骨瓷當作茶具，骨瓷茶杯有著薄薄的杯身，看起來非常優雅，讓喝茶成了一件風雅之事，但骨瓷也有缺點，那就是高溫衝擊下的破裂風險。為了解決這個問題，英國人發明了先倒牛奶在茶杯裡的泡茶方法，讓滾燙的熱茶一遇到冷牛奶就自動降溫，骨瓷也不會因為高溫而破裂。久而久之，先倒牛奶再倒茶成了英國人習以為常的泡茶法。

此外，先倒牛奶還有另一個好處，能夠更準確地測量要放多少牛奶，畢竟牛奶多寡會影響茶的味道，英國人當然非常在意。空茶杯比較容易目測倒入了多少牛奶，理論上比較不易出錯，也能讓泡茶的人靜待茶葉在熱水中舒展開來時有事可做，不用無聊瞎等。

泡茶時先倒牛奶已經根深柢固深植在英國人的潛意識中，成為改不了的生活習慣，坊間甚至流傳二次世界大戰期間英國間諜埋伏在納粹德國蒐集情報，不管德語講得多標準、多道地，最後都會因為一泡茶就不自覺先倒牛奶而露餡。

我問老公這到底是不是真的，他說不重要，重要的是德國人絕對泡不出一杯好茶，因為先倒茶再加牛奶的泡茶方式從根本上就徹底出了錯。問他到底哪裡錯，他只是一直鬼打牆地說先倒牛奶才是王道。這反應完美呈現了英式泡茶法在英國人心中不可取代的地位，我看以後外國人要歸化英國籍時，乾脆把英式泡茶法納入宣誓內容裡算了。

說了這麼多關於茶的小故事，下次如果有英國朋友在炎熱的夏天造訪臺灣，千萬不要忘記泡杯熱滾滾的高山茶讓他消消暑哦！

蛋糕的地位

日本人說女生有兩個胃，一個專門裝甜點，我覺得這句話用來形容英國人也很貼切，他們對於蛋糕有著超乎常人的狂熱，嗜吃程度可媲美義大利人愛喝咖啡、法國人愛吃乳酪、西班牙人愛吃海鮮、德國人愛喝啤酒。根據統計，英國人一星期內平均會買三次蛋糕，甚至有四十四%的人表示自己愛蛋糕勝過性！

千萬不要誤會英國的蛋糕有多好吃（或是英國人的性生活有多糟糕），就我多年觀察，英國的蛋糕以翻糖蛋糕為大宗，造型精美但口味過甜，口感不是不夠綿密就是太過扎實缺乏蓬鬆感，其實不太符合亞洲人的口味。不過對於嗜吃甜食的英國人來說，死甜的翻糖蛋糕就像天堂，「有糖就是娘」！

英文裡有個片語「sweet tooth」，指的就是嗜糖如命的人，不知道是否和氣候寒冷有關，英國有非常多熱愛高熱量甜食的人，其中又以男性為主，包括我家老公讀者先生。許多英國人每天吃完晚餐後，無論正餐吃得多撐，一定還是要吃甜點，否則就會像用洗碗精洗完碗盤後沒有沖水般焦慮（啊，不對！英國人洗碗本來就沒在沖水，大概要用洗頭洗到一半停水來形容比較貼切），導致我們家有一個專門放巧克力和其他甜點的櫃子，裡面滿滿裝著讀者先生的甜點存貨。

除了每周買三次蛋糕，英國人每個月平均會烘焙蛋糕四次，雖然不見得都是做工精美的翻糖蛋糕，而是以家常的維多利亞海綿蛋糕（victoria sponge）或胡蘿蔔蛋糕（carrot cake）為大宗，但如此頻繁的烘焙次數依然證明了英國人不但愛吃蛋糕，也非常熱愛自己做蛋糕。

英國有個歷久不衰的真人實境節目叫《The Great British Bake Off》，內容圍繞在一群業餘烘焙愛好者參加蛋糕烘焙比賽，每一集節目都會淘汰一個人，能夠留到最後一集的就是冠軍。該節目二〇一〇年第一季開播便轟動全英，一路播到二〇二〇年共播了十一季，捧紅不少素人。盛況空前那時，辦公室裡甚至定期開小賭盤預測每一季的冠軍。

蛋糕在辦公室裡除了成為賭盤的主角，還有真實的影響力。舉凡有人生日、升官、生孩子、訂婚、搬家或成功搶下大客戶，只要發生任何值得慶祝的好事，一定會有人帶著蛋糕來公司和大家分享。我常笑稱辦公室是「發福辦公室」，自然而然就會變胖，堪稱另類職業傷害。

幾年前公司發起「一周一蛋糕」慈善活動，著實讓我這個辦公室裡唯一的外國人開了眼界。顧名思義，該活動就是要所有同事每周輪流帶一個蛋糕，想吃的人必須「抖內」，年底再將所有累積的善款捐給慈善機構。當時真的每星期都有同事帶來自己精心烘焙的蛋糕，有些造型浮誇到讓人嘆為觀止，有些外表普通卻好吃到一下子就被掃光。每位英國同事都有做蛋糕的本領，只有我這個不擅長烘焙的外國人「偷吃步」買了超市蛋糕。

公司同事生日，其他同事自製蛋糕幫她慶生，充分發揮同事愛。

好幾位同事真心覺得我這樣不行，不夠「英國」，特別買了蛋糕教學食譜送我，希望把我「調教」成真正的英國人。

既然說起蛋糕，不能不提「high tea」（下午茶）這個由英國發揚光大的產物。

相傳早在一七〇〇年中葉，英國人就有了在下午三點到四點之間喝下午茶的習慣。超乎我們想像且讓人意外的是，有鹹有甜、並非只有蛋糕類甜食的英式下午茶其實源於勞工階級，一開始甚至是專屬於男人的特權。

早期的英國工人工作到下午要休息時，常常隨便吃些能夠填飽肚子的食物，像是蛋糕、司康或吐司夾起士等，由於這頓「power meal」（充電餐）追求的是快狠準，目標是在最短時間內餵飽工人，讓他們有體力繼續完成工作，所以通常不像晚餐那樣講究，不會坐在餐桌前吃，而是草草站著或坐在高腳椅上吃，因此被稱為「high tea」（tea 在英式英文裡有時指的是正餐）。

逐漸地，「high tea」變成了一件風雅之事，連上流社會的紳士淑女都趨之若鶩，演變成重要的社交活動之一。尤其是要去劇院看戲或玩橋牌之前，通常會先來點下午茶，才不會在接下來漫長的行程中餓到，畢竟晚餐得等看完戲或打完牌才吃得到。

下午茶剛被發明出來時，其實並不包括三明治，一直要到十八世紀時，貴族 John

Montagu 在牌桌上發明了把肉夾在兩片吐司之間的吃法，三明治才正式成為下午茶的固定成員。

根據野史記載，三明治伯爵四世（沒開玩笑，他真的叫「4th Earl of Sandwich」）John Montagu 雖然是一位頗有名望的貴族，在政治和軍事上締造了許多豐功偉業，私底下其實是個非常熱中賭博的人，常常在牌桌前一坐就是大半天，連吃飯時間到了都不願意離開。他吩咐傭人準備吐司夾肉並直接送到牌桌前，一起打牌的客人看到這種方便又美味的食物，也向 John Montagu 的傭人提出同樣的要求，指明要吃和三明治伯爵一樣的東西（the same as Sandwich），久而久之，這種食物就直接以 John Montagu 的爵位 Earl of Sandwich 為名，成為今天的三明治了。

關於英式下午茶，非常需要破除一下多數臺灣人的迷思。其實英國人並不會天天吃下午茶，畢竟美美的三層盤下午茶不但準備起來費工，大部分的人也不可能每天都空出一、兩個小時專門吃下午茶。三層盤下午茶通常是難得有空時的休閒娛樂，屬於附庸風雅型的非常態活動，不是日常生活中固定的例行公事。

值得一提的是，英式下午茶雖然傳統上配的是茶，其實大部分餐廳也會提供香檳這項選擇，雖然加價不少，但以英國人嗜酒如命的個性來說，搭配香檳美其名是讓下午茶

「升級」，事實上根本就是給自己一個天黑前開喝的藉口。畢竟英國人愛喝歸愛喝，對於喝酒的時間卻莫名堅持，覺得天黑前就開始喝酒會給人一種懶散的印象，大部分都會等到下班後再來一杯，不像法國人午餐時間就大大方方地開喝。

如果來到英國想吃一客正宗下午茶，許多人往往直接聯想到倫敦歷久不衰的 The Ritz London 高檔下午茶，或是近年爆紅的 Fortnum and Mason 精緻下午茶，甚至是由名牌加持的精品下午茶（例如哈洛德百貨公司裡的 Tiffany & Co. 下午茶），這些高貴的下午茶一客動輒六十或七十英鎊，還不見得訂得到位子。

近年有業者結合下午茶和觀光，發明了在倫敦最知名的紅色雙層巴士上享受下午茶的噱頭，讓人一邊欣賞倫敦街頭美景，一邊品嘗茶點，只是這種雙重享受似乎非常考驗平衡感，不然茶灑出來也是常有的事。

英國其實有許多價格親民又好吃，同時散發濃濃英國風味的下午茶，譬如 The Wolseley 就是許多英國朋友都非常推薦的，只要花臺幣一千多元就能在充滿英式風情的古典建築裡品嘗可口的司康、三明治和蛋糕。

不論在哪裡享用聞名全球的英式下午茶，千萬不要抱著米其林餐廳摘星的心態去吃，因為英式下午茶好不好吃其實不是重點，重要的是餐盤、茶具、餐廳的建築風格和裝潢所營造出來的整體氛圍，畢竟你吃的不只是下午茶，而是英國三百多年的歷史。

另一方面，來到英國一定要試試看「中看不中吃」的翻糖蛋糕，領略一下它的神奇魅力為何能讓天后蔡依林都決定拜師學藝並一頭栽進去。如果你和我一樣對死甜抱持著敬畏之心，不妨品嘗稍微比較不甜的英國「國民甜點」維多利亞海綿蛋糕或胡蘿蔔蛋糕，這些在英國幾乎家家戶戶都會做的家常蛋糕，其實才是庶民甜點的精髓所在。

英式早餐的真相

小時候和爸媽去國際飯店吃早餐，菜單上最常看到的就是「全英式早餐」（full English）和「歐陸早餐」（continental），雖然當時搞不清楚兩者的區別，也還沒去過英國，卻因為這件事一直對英國有著莫名的好感。原因無他，只因為我是個十分在乎早餐吃得好不好的人，得知世界上竟然有一個國家的早餐有名到變成專有名詞，實在讓人心神嚮往。

如此美麗的印象到了英國後徹底幻滅。我發現英式早餐根本比不上臺式早餐，不但不像美而美或麥味登光蛋餅就有五種以上的選擇，三明治和漢堡隨便排列組合也有十幾種，英式早餐的味道非常普通，內容物也很平凡，基本食材包括：

香腸——未經醃漬的英式香腸食之無味，煎香腸時的表皮處理也不像臺灣香腸那樣講究焦香味；

培根——非常鹹又很大一片，感覺吃一片就硝酸鹽爆表；

蘑菇——非常小朵而且沒有味道，不像臺灣香菇香氣十足；

番茄——不是又甜又多汁的聖女小番茄，而是酸酸的牛番茄；

烤豆子——基本上就是黃豆加上茄汁，黏黏的口感非常詭異；

煎蛋——大概是唯一一個和臺灣一樣的食材；

吐司——常常以垂頭喪氣的姿態出現，不像臺灣的烤土司金黃又酥脆；

英式豬血糕（black pudding）

油膩的英式早餐，美味指數不及臺灣美而美早餐的十分之一。

——完全無法和臺灣豬血糕相比的英式豬血糕腥味很重，很難入口。

英式早餐最常見的搭配飲料當然是英式早餐茶，餐廳通常會給客人一壺，大部分都是茶包加新鮮牛奶，也可以選咖啡或伯爵茶、花草茶之類比較花俏的，但正港英國人還是最愛以英式早餐茶搭配英式早餐，誰叫它的名字就是早餐茶呢。

除了英式早餐的味道不怎麼樣，另一個讓我幻滅的是——英國人平常早餐根本不是吃英式早餐！

豐盛又油膩的英式早餐其實比較像是英國人周末有閒情逸致時才吃的早午茶，或是為了需要一解宿醉時才

英國的國民早餐 Weetabix。

吃——對！英國人就是這麼怪，用油膩的食物解宿醉——讓我有種被騙的感覺，英式早餐根本就是英式早午茶嘛！

最讓我百思不得其解的是，英國人每天早上吃的不是傳說中的英式早餐就算了，大多數人每天的早餐主食竟然是很難下咽又難吃的 Weetabix。Weetabix 基本上就是沒有味道的高纖維穀片，乾乾黃黃一塊讓人看了毫無食欲，泡在鮮奶裡吃起來就像軟掉的厚紙板般無味，不加鮮奶又乾得像在吞草，感覺是用一種自暴自棄的態度展開新的一天。

讀者先生每天早上固定吃兩塊 Weetabix，數十年如一日，忠誠度之高令人咋舌。問他 Weetabix 哪裡好吃？他回答：「好不好吃不重要，重要的是它很營養而且很有飽足感。」

我的英國同事也一樣，有乳糖不耐症的她只能乾吃 Weetabix，每次都讓我忍不住聯想到牛在山坡上吃牧草的畫面。問她為何每天早上都一成不變？她說：「我早上根本是半夢半醒的狀態，不管把什麼食物塞進嘴裡都沒差。」

無論是走養生派路線的讀者先生還是喪屍派的我同事，這些理由在被美味早餐寵壞的臺灣人眼中根本是對早餐的褻瀆，在我們心中，早餐不但是一天中最重要的一餐，更是喚醒精氣神的一餐，怎麼能夠如此將就？

出於對 Weetabix 這樣難吃但圈粉無數的食物的好奇，我上網查了一下它的歷史。原來 Weetabix 早在一九三二年就被發明出來了，由 Bennison Osbourne 和 Malcolm MacFarlane 這兩位先生研發而成，比傳統穀片更酥脆的特殊口感，讓它被稱為「革命性的新型穀類早餐」（revolutionary new cereal）。

說真的，看到這句褒獎，我打心底想拍拍英國人的肩膀，請他們不要怪我們老說「英國無美食」或嘲諷他們不懂得吃，畢竟能夠讚嘆口感像厚紙板的穀片是「革命性的新型穀類早餐」，若吃到早餐界的「人間香奈兒」——美而美或麥味登時，該搬出英國文學裡哪些華麗辭藻來形容呢？

總之，在 Weetabix 被發明出來以前，英國人的早餐大多是燕麥粥或一般穀片之類的散狀早餐，整整一大塊的 Weetabix 則給人很有飽足感又方便的印象，因此被稱為「革命性的發明」。二次大戰期間由於資源短缺，Weetabix 僅在英格蘭中部（Midlands）和東北部（North East）販售，直到二戰結束後才恢復全面販售，頓時成為全英國最受歡迎的早餐聖品。

這也讓我有所頓悟。讀者先生和早上宛如喪屍的英國同事，一位出生於英格蘭中部，一位出生於英格蘭東北部，這兩個地區比英國其他地區更早被 Weetabix「圈粉」，大概從很久以前就一直推崇以 Weetabix 做為早餐主食，難怪他們對 Weetabix 有著更無條件的愛與熱情。

到了一九五〇年代，Weetabix 的行銷團隊發明了各種花式吃法，包括和水果一起吃、泡在牛奶裡吃、塗上果醬吃等，頓時讓 Weetabix 披上時尚外衣，成為早餐桌上最酷炫的單品。一九六〇年代，Weetabix 甚至紅到美國和加拿大，從此奠定它在英國早餐界的霸主地位。時至今日，Weetabix 更研發出多種周邊商品，像是 Weetabix 餅乾、迷你 Weetabix 零嘴，以及 Weetabix 口味的飲料，讓人不得不承認 Weetabix 在英國真的很受歡迎，不然廠商怎麼敢這樣「跨界」亂搞！

長篇大論讓我敬謝不敏的 Weetabix 之後，也順便提提英國其他古怪食物吧！

炸巧克力棒（deep-fried Mars bar）

你沒看錯，英國人就是這麼瘋狂。他們把巧克力棒裹上麵衣後拿去炸，炸到外表金黃酥脆，再也不像一條巧克力棒後，當成甜點吃。這結合油炸物和巧克力雙重高熱量的怪異食物相傳由蘇格蘭人 John Davie 發明，不知是否和蘇格蘭緯度高、冬天需要靠它禦寒有關。這款想像力十足的甜點連英國人都覺得怪，所以在蘇格蘭以外的地區並不普遍，但根據吃過的英國朋友表示，其實還滿好吃的。

羊雜碎（haggis）

不是在罵人，真有此物。顧名思義，羊雜碎就是用羊身上的內臟，包括心臟、肝臟、肺臟等加入洋蔥和燕麥混合而成的一坨食物。這道來自蘇格蘭的傳統美食雖然聽起來倒胃口，加上英式肉汁（gravy）後其實別有一番風味，是我們家餐桌上經常出現的料理之一。

洋芋片三明治

英國人很愛吃三明治，而且什麼都可以夾。香蕉三明治或薯條三明治還在理解範圍之內，但第一次聽到洋芋片三明治時，我心裡打了個很大的問號，又硬又薄的洋芋片和軟軟的吐司怎麼想都無法變成一組食物啊！

英國朋友堅持要我吃吃看，信誓旦旦說我一定會愛上它，還提醒絕對要買英國人的驕傲——原味的 Walkers 洋芋片，並在吐司上先塗一層薄薄的奶油後，再把洋芋片夾進去，趁洋芋片遇到奶油還沒軟掉前吃，這樣才會有軟硬兼備的口感享受。

好吃嗎？老實說我覺得還好，身為東方人，我比較想挑戰櫻桃小丸子的炒麵三明治！

豌豆泥

豌豆泥本身不奇怪，英國人愛拿它當成薯條沾醬卻有點匪夷所思！整體來說，英國人吃薯條時加醋和鹽的習慣已經和我們很不一樣，英格蘭中、北部的人還愛加上豌豆泥。讀者先生就是豌豆泥的頭號粉絲，連帶把我家兒子小龍包訓練成豌豆泥鐵粉，每次買薯條，父子倆一致堅持一定要另外加購豌豆泥而且吃得津津有味，我則是看到一坨綠色的豆泥就反胃！但話說回來，豌豆泥算是蔬菜，對身體有益，除了味道和薯條不搭以外，其實是個健康的選擇。

Marmite 醬

由釀造啤酒的酵母萃取物製成的 Marmite 應該是英國最難吃的東西，沒有之一，因為它的味道實在太像白蘭氏雞精的果醬版了，又鹹又腥，真的很恐怖，英國人卻很愛拿它來塗麵包，可說是最歷久不衰的英國詭異食物。

對於不懂得欣賞「Marmite 之美」的人，Marmite 製造商理直氣壯發明了一句經典廣告詞「You either love it or hate it!」，表示愛的人就會永遠愛它，不愛的人老子也懶得說服你。

現實生活中，我真的認識非常多英國人瘋狂熱愛 Marmite，如果哪天必須移民到其他國家，他們最大的鄉愁絕對是這一味！最近 Marmite 還推出花生醬新口味，怪異指數更勝一籌。

隨著時代演進，文化融合，「英國無美食」這句話或許已經失真，英國人已漸漸接受來自其他國家的異國料理，也間接改變了原有的飲食習慣或烹調方式。像是羊雜碎等英國食物或許比較極端，但來到英國不妨抱著文化考察的心態試一試，當然，最重要的是別忘了在早餐時間，體驗一下英國人的國民早餐 Weetabix，然後再在早午茶時間吃頓傳說中的「英式早餐」，感受正宗的 British 早餐文化。

以酒之名

說到英國，很多人都會直接聯想到酒，管它是啤酒或是威士忌、蘭姆酒等烈酒，和英國人都有著深厚的淵源，實在有太多故事可寫（以下省略一千字）。光是聚焦在和酒類或喝酒場合中的英國人小怪癖，就有：

不醉神功

英國人特別會喝酒這件事，不但東方人嘖嘖稱奇，連鄰國法國都有認證。讀者先生在法國工作時，酒吧裡的酒保問他：「你們英國人每次來酒吧消費，每個人基本上會喝十杯以上的啤酒，到底是怎麼辦到的？」

怎麼辦到的？當然是靠平常的訓練！

雖說英國和世界上大部分國家一樣，法定合法飲酒年齡是十八歲，但其實只要在十八歲以上的成年人陪伴下，如果是由成年人買酒搭配餐點飲用的話，任何年滿十六歲的人都能在酒吧和餐廳裡合法喝酒。如果是家裡，年齡限制更下修到五至十六歲，在喝酒這件事上，英國人可說是「贏在起跑點上」無誤！

以讀者家為例，據說我公公在讀者先生大概十歲左右就時不時會讓他在家裡喝一點點啤酒，感覺是個「自己的酒伴自己訓練」的節奏，難怪讀者先生長大後的酒量真的非常好。我們在臺灣舉行結婚派對時，包下整間酒吧讓客人無限暢飲啤酒、紅白酒和各式調酒，根據酒保的統計，當天喝最多的就是新郎本人，以及他遠從英國趕來參加婚禮的弟弟！

另一方面，由於在英國裝啤酒的容器先天就比其他歐洲國家大，導致英國人到了歐洲動不動就能喝上十幾杯啤酒。英國人習慣用品脫（pint）當作在 pub 裡買啤酒的單位，一品脫等於五百六十八毫升，和歐洲一般酒杯僅三百八十毫升的容量相比，足足多了近一．五倍。對英國人來說，在歐洲喝三杯啤酒只等於在英國喝兩杯啤酒，自然很容易動輒喝到十杯以上。

當然，除了訓練有素，英國人的好酒量也和歷史有關。中世紀時的英國缺乏乾淨飲用水，全民都以非常淡的麥芽酒（ale）做為主要飲料，連小孩也不例外，幾個世紀下來，也許間接造成英國人基因裡的好酒量。

野史同樣記載了英國人的好酒量。據說英國之所以能在一六五五年從西班牙手中取得牙買加，就是以蘭姆酒當作英軍的祕密武器。士兵喝下酒精濃度高達四十％的蘭姆酒後，不但沒有醉倒，反而興奮地想打架，輕輕鬆鬆就擊退了西班牙士兵。

酒吧爬行（pub crawling）

英國人喜歡不斷去新的 pub，一個晚上如果從八點開始喝酒到半夜十二點 pub 關門，每小時換一間 pub 可謂稀鬆平常。第一次和英國朋友去喝酒時我非常不解，在臺灣，朋友聚會大部分是固定在同一地點，頂多吃完飯後移動去酒吧喝酒，如無意外，通常不會一直換場地。

詢問過後才知道，「酒吧爬行」相當普遍，英國人覺得到 pub 就是要試試不同的啤酒、和隔壁桌不同的陌生人聊天，如果一整晚都待在同一間酒吧，不但喝來喝去就是那幾種啤酒，也不能認識更多有趣的人，開啟更多有趣的話題。畢竟 pub 來自「public house」的縮寫，傳統上是讓眾人一邊喝酒，一邊暢所欲言、談論時事的地方，如果來到 pub 卻不和隔壁桌的陌生人互動，那還不如自己在家小酌。

二〇二〇年英國因為新冠疫情封城，導致 pub 被政府多次強制全面暫停營業，其中最久的一次是二〇二一年一月初到四月中，時間長達三個月。許多酒客聽到此一政策，簡直就像被判了無期徒刑般無助。對英國人來說，沒有 pub 的生活應該就是十八層地獄的最後一層！我問過讀者先生，若 pub 和 Wi-Fi 只能挑一個，他會選誰，他的答案是「Wi-Fi 可以沒有，pub 不能不開」。

二〇二一年四月下旬，英國政府在疫情逐步趨緩的前提下，終於宣布

如果票選英國人的精神堡壘，pub 絕對榮登第一名寶座！

pub 可以重新恢復營業，雖然當時僅僅開放戶外座位，以避免室內因通風不良而造成感染病毒的風險，全英國的人卻都迫不及待大舉出動。他們渴望上 pub 的心情勝過一切，根本沒在考慮天氣，即使颳風下雨，每間 pub 的戶外空間都高朋滿座，那種情緒用「久旱逢甘霖」來形容可是一點也不為過。

短時間灌醉自己的狂飲（binge drinking）

初次聽聞 binge drinking 這個名詞，是在準備英國入籍考試時。教科書上解釋，binge drinking 是個很嚴重的社會問題，因為太多人喜歡在很短的時間內把自己灌醉，尤其是星期五晚上。大部分英國人在忙碌工作了一周後，最喜歡約三五好友一起上 pub，用喝酒揭開周末的序幕，所以周五晚間的路上很容易看到醉得東倒西歪的酒客。醉倒還算小事，比較麻煩的是有些人幾杯黃湯下肚後變得極端易怒，打架鬧事成了家常便飯，周五晚間往往也是救護車與警車出勤率最高的一天。除了浪費公家資源，binge drinking 對身體也會造成許多不良影響，包括神經系統、心血管、腸胃道、免疫系統與肌肉等問題。

為什麼許多英國人（尤其是年輕人）很愛在短時間內把自己灌醉呢？

我覺得除了享受酩酊大醉的感覺之外，也和英國一次世界大戰時規定的酒吧營業時間有關。

一九一四年一次世界大戰爆發後，英國政府規定，pub 只有在中午十二點到下午兩點四十分，以及晚上六點半到十點半之間可以販售酒精飲料；一九八〇年末期則改成早上十一點到晚上十一點，如此嚴格，卻成為 binge drinking 推手，很多人擔心晚上十一點以後買不到酒喝，在 pub 快關門前瘋狂暴飲。據曾在 pub 打工的讀者先生說，pub 關門前最後一小時的酒精飲料銷售量往往是之前每個小時平均銷量的兩倍！

二〇〇五年，英國政府終於取消了 pub 的賣酒時間限制，二十四小時都能販售酒精飲料，原本的目的之一就是希望改善 binge drinking 亂象，可惜這種文化似乎已在英國人的心裡扎了根，始終沒有消失。

二〇二〇年秋天，由於英國的新冠疫情出現第二波高峰，政府為了避免民眾喝了太多酒後忘了保持適當的社交距離，強制全國所有餐廳和 pub 必須在十點前關閉，卻造成更多人在晚上十點前拚命狂飲。英國人呀，你們到底多怕沒酒喝？

相信喝酒能治病養生

剛移民英國時，有次感冒嚴重到不只一直咳嗽，講話還變成像《丹麥女孩》裡的莉莉那樣有磁性。英國沒有斯斯也沒有伏冒錠，醫生只會叫病人多喝水、多休息，因為感冒在英國不是病，最好的藥就是人體自身的免疫力。如果真的頭痛或喉嚨痛到不行，醫生只會叫你自己吃止痛藥 paracetamol——英國典型的家庭常備藥，不用處方箋，超市就買得到。

當時讀者先生看到我喉嚨痛到不行，十分痛苦，問我要不要嘗試民俗療法——用威士忌加蜂蜜調製的「hot toddy」雞尾酒。是的，就是喝酒治感冒。

這個民俗療法在英國行之有年，是大家口耳相傳的「祕方」，雖然完全沒有科學根據，非常多人在感冒時還是願意試一試。二〇二〇年初新冠疫情在中國武漢爆發時，一位在武漢教英文的英國人宣稱自己在病發痛苦不堪時，就是靠神奇的「hot toddy」雞尾酒撐過去，英國小報《太陽報》大幅報導，只是不知道有多少人相信就是了。

我問讀者先生，英國人怎麼會這麼愛喝酒，愛喝到竟然相信威士忌可以治感冒？他說這還不是最誇張的，在更早以前的年代，英國老一輩相信在嬰兒的牙齦上塗點威士忌能紓解長牙的疼痛。我強烈懷疑發明該理論的人偷偷規劃將英國行之有年的「酒量培訓」提前到嬰兒期！

除了威士忌，英國人也相信喝健力士黑啤酒（Guinness）對身體好，原因是健力士富含鐵質，而且熱量相對來說較低（每瓶一百二十六大卡），被英國人譽為減肥時可以喝的啤酒。看到這裡，你們是不是也和我一樣，非常佩服英國人為了酒睜眼說瞎話的功力？

脆弱的英國鼻子

如果說日本人是全亞洲對於氣味最敏感的民族，英國人絕對能登上歐洲最在意味道的國家之冠。

英國人對於氣味的偏執足以和日本人抗衡，完全可從他們對「魚味」的恐懼說起。說恐懼一點也不誇張。英國人受不了味道太重的食物，尤其是自己吃不到只聞得到時。以我們公司為例，如果有同事帶的午餐裡有魚類或海鮮，用微波爐加熱時飄出陣陣「魚味」，絕對會在辦公室裡造成轟動，至少一半以上的同事會大呼小叫、鬼哭神嚎，抱怨魚的腥味很重讓他們很難呼吸，除了抗議連連，開窗戶的、開門的、捏鼻子的、迅速逃離現場的……各種誇張行徑都有，甚至有人認真呼籲把「嚴禁加熱魚類或海鮮」寫入辦公室手冊。

看到這裡，你是不是也覺得英國人的嗅覺太過敏感，只是魚而已啊，又不是榴槤。這麼脆弱的英國鼻子真的很需要到五味雜陳的亞洲夜市鍛鍊一下，提高對異味的承受力和包容度。

這種特別靈敏的嗅覺加上近乎「氣味潔癖」的習性，對我來說時常造成某種無形的壓力。骨子裡還是根深柢固亞洲胃的我，中午帶便當一定要帶熱食，冷冰冰的三明治不但無法提供飽足感，心理上也會覺得很空虛，為了不影響其他同事，每次帶便當我都必須考慮食物加熱時的味道，除了魚類和海鮮絕對是大忌，有時候連咖哩都不太敢帶。

由於偶爾有隱藏版亞洲胃的英國同事會加熱魚類或海鮮，同樣受到上述待遇，所以我肯定這和種族歧視無關，只能說英國人雖然也喜歡吃魚類和海鮮，卻非常厭惡聞到它們被加熱時的味道。

英國人之討厭魚腥味，甚至用它創造了一句俗諺「smell fishy」（聞到魚腥味），而且最妙的是這個片語的意思竟然和魚類無關，指的是讓「李組長眉頭一皺，發現案情不單純」的事。英國人如果說「I smell something fishy」（我聞到很重的魚腥味），就表示他認為事有蹊蹺，不是有人說謊，就是有事實被刻意隱瞞了起來。

諷刺的是，英國人一點也不排斥經典美食「炸魚薯條」的味道，反而覺得非常好聞，是一種聞了會胃口大開的氣味，我想這可能和炸魚薯條的魚味不重，反而是油炸味和調味用的醋味比較重有關（英國人吃薯條是沾醋而不是沾番茄醬）。

換言之，在英國，不健康的油煙味比魚腥味受歡迎，在辦公室裡加熱魚類或海鮮料理會被嫌棄，吃炸魚薯條卻會被眾人投以羨慕眼光。

除了辦公室裡的英國同事，我家的讀者先生對於烹調食物的味道同樣特別敏感。英國的抽油煙機基本上屬於裝飾品，有開和沒開一樣，煎完牛排後往往整間屋子都是肉味，用大蒜爆香後則是滿屋子蒜香，雖然對我這個喜歡飯菜香的臺灣人來說沒什麼不妥，反正多聞菜香也不會胖，讀者先生卻堅持一定要把窗戶打開稀釋味道，就算外面下著雪或零度以下也不例外。

除了愛開窗戶，讀者先生還很愛買各種除臭噴霧。每次家裡煮了味道比較重的食物就會換來他一陣狂噴。英國的香氛噴霧不是每瓶都像 Jo Malone 充滿高級感，有時候不小心買到廉價的香味，混合著剛煮完飯的菜香，整間房子突然聞起來像公廁，形成一種詭異到不行的噁心味道。即便如此，讀者先生還是覺得呼吸這種味道的空氣比單純聞煮菜的味道好。

除了食物的味道，英國人對身上的氣味也很講究，無論男女都有使用止汗噴霧和止汗香膏的習慣。對他們來說，沒有什麼比被別人聞到自己的汗味更糗的事。英國人和法國人不一樣，平時沒事不噴香水，只有約會或出席高級場合時才會噴。但他們又覺得身上太香過於高調，挑選止汗噴霧和止汗香膏時大多會選擇無香或淡香。以英國人的標準來看，把自己打理得清爽得體，讓別人聞不到異味，絕對是必要且基本的禮貌。

這大概也解釋了為何英國人習慣早上淋浴後再出門，而浴室中最重要的必備品非止汗噴霧和止汗香膏莫屬。讀者先生就常常囤積止汗噴霧和止汗香膏，如果少了它們，他絕對

止汗劑和味道療癒的衣物柔軟精，堪稱是為英國人脆弱鼻子而發明的兩大法寶。

會像沒穿內褲就出門般缺乏安全感。有些對味道更敏感的人每天出門前使用止汗劑還不夠，甚至隨身攜帶止汗劑，除了照三餐定時噴，使用時也沒在手軟，用量驚人，深怕自己身上飄出異味。畢竟顏值天生注定、身材要靠後天努力，維持整潔的外表只要有心就做得到，還能為形象加分，何樂而不為？

除了大量使用止汗劑確保自己身上不會飄出異味，英國人洗衣服很習慣使用「熊寶貝」這類衣物柔軟精（laundry conditioner）。衣物柔軟精最主要的功能雖然是使衣服變柔軟，味道通常也非常療癒，會讓衣物留下淡淡的香味，因此成為英國人洗衣服時的一大重點。最有名的牌子是 Comfort 和 Lenor，香味不但非常持久，辨識度也很高，一聞就知道是「來自英國的味道」。

有位女性朋友曾和英國人交往，回臺灣後經常拜託我幫忙買 Comfort 或 Lenor 衣物柔軟精，為的就是懷念英國前男友身上的淡淡香味，由此可見這兩個品牌的味道識別度有多高，在味覺上和英國的連結度又有多強。

英國人喜歡衣物柔軟精的味道，大概和這種香味能夠觸動他們對美好生活的想像有關，畢竟穿著剛洗好的香香衣服不但能讓自己神清氣爽，旁人聞到也會對你產生好感。據說英國的房仲業就是抓住這種消費者心理，鼓勵賣家在潛在買家來看房子前先洗好衣服，讓屋子裡充滿衣物柔軟精的淡淡清香，買方對房子特別有好感，成交率自然大大提高。

有機會來英國的話，不妨買一瓶 Comfort 和 Lenor 衣物柔軟精，聞聞看究竟是怎樣的香味征服了嗅覺超級刁鑽的英國人吧！

PART II

日不落國的普通生活

愛房子勝過公寓

做為一個土生土長的臺灣人，我人生前三十年都住在公寓裡，從來沒住過獨棟房子。移民英國後卻發現，住房子在英國不但是主流，如果調查英國人的置產偏好，房子絕對會獲得壓倒性勝利。

英國人真的太愛房子了，導致公寓的房價漲幅一直不如房子不說，房市裡的搶手物件往往也都是房子。對於居住空間的偏好不只深深影響了英國人的生活習慣，更形塑了他們對於理想人生藍圖的規劃。

根據多年觀察，我分析英國人愛房子勝過公寓有五大主因：

一、有花園的人生更美好

英式花園的美麗與典雅聞名全球，文學名著《傲慢與偏見》的設定場景 Chatsworth House 裡的花園，無疑是全英國最有名的英式花園之一，每年吸引超過六十萬觀光人次，在英國百大景點中名列第六十三，超越了英國王室成員的居所肯辛頓宮與莎士比亞故居，受歡迎程度可見一斑。

美麗的花園當然和英國人熱愛園藝密切相關。根據統計，如果把在花園裡做園藝當成一項正職工作，以英國人的法定工時一周三十七小時、一年工作四十八周來計算，英國人一生平均花三年多的時間在做園藝！

婆婆家占地一百六十六坪的超大花園。

這份調查甚至分析了英國人每年平均花在各項園藝工作的時間，包括澆花四十五個小時、除草十五個小時、種花十三個小時、拔雜草十三個小時、修剪草坪的邊界九小時、油漆花園的圍籬八小時、清理落葉六個半小時、清理花園地面上的青苔四小時……

看到這，你也和我一樣覺得有花園好麻煩嗎？覺得有太多林林總總的大小雜事要處理嗎？這完全是臺灣人的思維，英國人可是把做園藝當成養生最佳運動呢，我八十幾歲的婆婆直到現在還是每天勤做園藝，難怪身體非常健康。

我家花園雖不如婆婆家大，但這棵美美的櫻花樹已讓我相當滿足。

對英國人來說，擁有一座賞心悅目的花園除了有花花草草可以欣賞，能在美美的花園裡吃下午茶、夏天時來個ＢＢＱ派對，絕對都是人生一大樂事，既愜意又療癒，對心理健康有很大的貢獻。

花園在英國人的精神生活上扮演了不可或缺的角色，也是房子比公寓搶手的主因，畢竟公寓再好也無法彌補沒有花園的遺憾。二〇二〇年三月下旬英國政府宣布第一次全國大封城，解封後首先恢復營業的商店就是專賣花草的園藝中心（garden centre），可見園藝在一般英國人心中的重要地位。

我曾在婆婆的花園中看到一個裝飾品，上面寫著「Life is better in the garden」，完完全全就是我婆婆的寫照。她的超級無敵大花園約有五百五十平方公尺，換算成臺灣人熟悉的坪數就是一百六十六坪，不但是小龍包騎腳踏車和練習足球的最佳場地，也種滿了花花草草，還有好幾棵不同品種的櫻花樹，每到春天就充滿各種顏色的櫻花，夢幻畫面十分賞心悅目。每次上傳婆婆花園的照片到社群媒體都有粉絲開玩笑質疑這些花草樹木是假的，實在美到太不真實了！

我們家的花園雖然只有婆婆花園一半大，同樣是全家人最愛的空間。野餐、踢足球、打羽毛球，什麼都不做只是單純坐著晒太陽，都是我們最常在花園裡消磨時間的方式。花園裡那棵「多產」的蘋果樹每年春天都會開滿美麗的蘋果花，夏天時更是結實纍纍，我們自己吃不完，還能分送給親朋好友和鄰居「做公關」，或是自己釀蘋果酒。花園不但在我們的休閒生活中扮演要角，還為一家人帶來很多貢獻。

英國因為新冠疫情而執行長達數月的全國性封城時，我深深慶幸我們住的是房子，不能出門的日子至少還能去花園。事實證明，疫情讓許多原本住公寓的英國人改變置產態度，更帶來一波換屋潮。畢竟在不能出門的情況下，住在沒有私人戶外空間的公寓裡真的很容易讓人抓狂，尤其是有稚齡小孩的家庭，全家大小一整天二十四小時被關在一起，絕對會讓大人極度厭世，無法在戶外燃燒精力的孩子也會非常躁鬱。

二、做不完的ＤＩＹ

不只熱愛園藝，英國人也很喜歡在家ＤＩＹ，小至搭書架，大到組裝一個三公尺長、兩公尺寬的花園儲物間，只要是需要親自動手做的，他們都有超乎常人的熱忱與耐心。除了喜歡看到自己的家愈變愈美，也因為英國工人非常難請又很貴，長久下來，久病成良醫，大部分英國人都擁有一定水準以上的ＤＩＹ駕馭能力，而且似乎愛上挑戰成功的感覺，對從ＤＩＹ中獲得的成就感無法自拔。

這不但造成英國的ＤＩＹ產業長期生意興隆，許多相關電視節目也應運而生，像Channel 4的《Grand Designs》就是英國最經典的居家改造節目，從一九九九年開播以來，一共推出超過兩百集，廣受各界歡迎。

對於喜歡ＤＩＹ的英國人來說，住在公寓裡簡直就是英雄無用武之地，公寓不但室內空間有限，室外空間頂多就是陽臺，無法讓他們發揮ＤＩＹ之長，因此只要經濟條件許可，英國人基本上不會考慮買公寓。

三、身分地位的象徵

「An Englishman's home is his castle.」這句英文俗諺可說充分顯示了房屋在英國人心中的地位。家是他們「心目中的城堡」，是生命中非常重要的事物，而且在他們的傳統觀念裡，住哪一種房子直接反映了一個人的社會階層地位。

傳統上認為，最理想的人生就是住在一幢獨棟房子（detached）裡，因為獨棟房子的隱私性高，被視為有錢有勢的地位象徵。如果買不起獨棟，退而求其次，只和隔壁鄰居連在一起的「半獨棟」（semi-detached）也好。以上這兩種房型通常都附帶大花園和私人停車位，屬於理想住宅的首選。

「排房」（terrace house）在英國也很常見，顧名思義就是一整排房子連在一起，隱祕性較低，花園通常也比較小，而且多半不附停車位，只能把車停在家門口的公共馬路上，安全性較差，被視為初階的買房入門款。至於公寓就更不用說，除了像倫敦那樣人多地狹、房價又高的大都市，大部分英國人買房子時，幾乎都不會考慮公寓。

四、投資報酬率高

根據英國政府的統計資料，全英國有三分之二的人都擁有自己的房子，只有三分之一是租屋。這種現象

在英國，房子比公寓搶手，是每個人基本的共識。

的主因和英國人很愛買房子，房價除了倫敦以外都在人民可負擔的範圍內有關，也和英國人習慣「階段性買房」脫不了關係。

英國人大多沒有將房子傳給下一代的觀念，子女只要成年獨立了，大部分都會自行置產。如果二十歲出社會後開始存錢，在薪水負擔得起房價，首購自備款又只有十％左右的情況下，大約三十歲前就可以擁有自己的第一間屋子。

然而，初次買房時可能因為單身或剛結婚，通常都是買小房子或公寓，等到有了孩子後，一般人會換成四房以上的大房子，到了退休或空巢期再換成只有一層樓、不用爬樓梯的單層平房（bungalow）。

由於這個原因，英國人的換房頻率可說相當頻繁。在換房時，房子的增值空間通常比公寓多很多，畢竟房子的擴建潛力比公寓大，再加上住公寓每個月要付動輒一、兩百鎊的管理費，整年下來也是筆可觀的費用，種種原因都造成精打細算的英國人普遍愛買房子遠勝公寓。

如果經濟能力許可，很多英國人也會保留舊屋當包租公或包租婆增加收入。英國的移民多、租屋需求高，不管是倫敦市區或倫敦外的房子，往往一推出就秒殺，一個月內幾乎都租得出去。我們有位已退休的朋友名下就有七棟房子，除了一間自住，他一人身兼六棟房子的包租公。簡單估算收益，一間房子租金保守估算每個月一千英鎊的話（我們住在鄉下地方，若在倫敦，一千英鎊月租大概只能租到一間房間），一個月就進帳六千英鎊，折合臺幣約二十六萬四千元！

雖然這樣的收入乍看之下很不錯，其實管理房子也很辛苦，尤其房子和公寓不一樣，需要維修的地方從屋頂、地下室、車庫到花園無所不包，如果六間房子的房客輪流要求維修，房東根本就是身陷修房子的無間地獄！畢竟英國工人不但很貴又愛耍大牌，和他們周旋事實上很容易讓人爆血管。

換言之，如果想以買房當作生財之道，本身熱愛ＤＩＹ或對房屋修繕充滿熱忱，絕對是當屋主的必要條件。

五、可以擁有土地

「有土斯有財」是華人的傳統觀念，英國人在這點上亦然，總覺得有自己土地和房子的人生比較踏實，連我才讀大一的侄子都已經起了買房的念頭，準備一邊打工存錢一邊看房子。

然而，在英國如果買的是公寓，屋主買到的往往只是地面上的建物使用權，並不擁有建物所在之處的土地權。

英國的公寓分成 freehold 和 leasehold 兩種，前者指的是永久土地產權，屋主可以永遠擁有土地與土地上的建築物，沒有時間限制；後者指的是有年限的土地租借權，屋主沒有土地擁有權，只有租用權，租用權到期後需額外支付一筆地租（ground rent）。英國的公寓絕大多數都是後者，無形中讓買家多了一層後顧之憂，更讓人擔心的是，如果打算買的公寓是土地租借權在七十年以下的 leasehold，大部分銀行不會承接買家的貸款。

英國人愛好老屋古宅，連麥當勞都開在這種古色古香的建築物裡。

英國人除了愛房子勝過公寓，也不像臺灣人追求房子愈新愈好，更偏好買老房子。整體來說，最受歡迎的是維多利亞式老房子，除了保存英式古典優雅風情，由於建造時的建築法令和現今不同，花園通常較大較深，不像新房子受限於今日建築法規，花園腹地多半較小，和隔壁鄰居的房子間隔也比較狹小，除了感覺比較侷促，隱私度也不如老房子。即便老屋需要修繕的地方較多，維修頻率較高，大部分在隔熱和保暖方面也不如新蓋的房子，受歡迎程度卻始終居高不下，歷久不衰。

當然，如果你討厭園藝、不擅長ＤＩＹ，公寓絕對還是你的買房首選，畢竟房屋本來就是要配合生活方式，自己喜歡才是最重要的。

英式廁所陷阱多

你有踏入廁所後找不到電燈開關的經驗嗎？我想大部分臺灣人第一次踏入英國人家的廁所時，應該都有過類似經歷，搞不清楚廁所裡的燈該怎麼開、從哪裡開？

英國人家的廁所電燈開關有高達九成是一條通往天花板的線，只要輕輕一拉，燈就會像變魔術般突然亮起來。

此番設計除了因為英國人非常講究安全，使用家電的規則堪稱世界第一嚴謹，更因為英國的電壓是兩百四十伏特的高電壓，萬一觸電，致死率很高，為了避免在浴室或廁所這種溼氣重、雙手大部分時候也是溼的情況下碰到電器，英國人發明了以拉繩開啟開關的方法，徹底阻絕手直接碰觸電源開關的機率。

其實不只沒有電燈開關，英式廁所裡也找不到插座，唯一例外是電壓較低的電動刮鬍刀兩孔插座，這種插座不只電壓較低，和整個中央電路系統也是分開來的，就算觸電也不會造成把人電死的風險。

總之對於大部分外國人來說，電燈開關絕對是英式廁所裡的第一個陷阱。對於不熟悉這種開燈方法的外國人來說，拉繩子的力道有點難掌控，太小力無法觸動電源，太大力可能扯斷繩子。我家的廁所燈就被拉壞過兩次，後來只要有外國朋友來，我們都會貼心提供「廁所開燈服務」。

英式廁所裡的第二個陷阱不但曾讓我飽受困擾，連正港英國人讀者先生都是受害者。

幾年前我們還沒搬到新家，冬天早上時常聽見他在浴室裡大叫「Hot! Hot!」，因為舊家的水龍頭是古早款的冷熱分離式，冷水和熱水的出水口是分開的，導致在寒冷的冬天裡每次打開水龍頭前都要默默深呼吸做好心理準備，手不是會被燙到就是得忍受刺骨的冰水。

聽起來很落後？一九八〇年代的臺灣才見得到的冷熱分離水龍頭在二十一世紀的英國的確相當常見，尤其是古老的維多利亞式房子，出現機率更高。

我初次到英國時住的寄宿家庭就是一棟古色古香的維多利亞式花園洋房，home 爸和home媽都是音樂老師，收入應該相當不錯，畢竟能在倫敦東南邊的格林威治附近置產，還是一幢三層樓的大房子，年收入沒有高到一個水準絕對負擔不起。

當時最讓我困惑的是，這麼美麗的房子，加上他們的高收入，為何不裝修得現代化一點呢？屋子裡所有水龍頭都是冷熱分離，浴室如此，廚房亦然，冬天洗菜或洗碗時都得戴橡膠手套才不會被燙傷或凍傷。

後來和英國人相處久了才知道，他們不是真的跟不上時代，而是偏好老房子，喜歡保留房子的古色古香。在英國，許多有特色的老屋售價遠比新成屋高，尤其是維多利亞時期的老房子，屋齡高達好幾百年，算是古蹟等級，一旦出售絕對是市場上的搶手貨，和臺灣人偏愛買新屋的習慣恰好相反。

另一方面，英國人一點也不覺得老房子的設計會對生活造成太大的不方便。以冷熱分離的水龍頭為例，如果水真的太冰或太燙，他們會把兩個水龍頭同時打開，將水放到水槽裡，冷、熱水調和後就是剛好的溫度，使用時就不會被燙到或凍到。

這種冷熱分離的古早味水龍頭不僅時常出現在英式廁所的洗手檯上，浴缸裡也經常見到它的芳蹤。只是浴缸裡的它不太會帶來困擾，如果是泡澡，水放到浴缸後冷熱水自然會混在一起；如果是淋浴，蓮蓬頭會讓冷熱水自動匯流，所以稱不上是「陷阱」。

總之，冷熱分離的水龍頭對英國人來說一點也不麻煩，我們這些被現代發明寵壞的外國人反而是他們眼中不懂得欣賞古典美的俗氣之人。

只不過英國人偏愛的「古早味水龍頭」在外國人眼中真的很不實用，網路上許多簡單的ＤＩＹ都是針對它而存在的解決方案，譬如將寶特瓶中間剪開，套入兩個分開的水龍頭，匯流而下的水就是適當的溫度。

因為飽受冷熱分離水龍頭之苦，我和讀者先生準備搬入新家前就已說好，浴室裡一定要有冷熱合一的水龍頭，為此還特別跑了趟Ｂ＆Ｑ採買配件，沒想到店內隨處可見冷熱分離的水龍頭和為之搭配的水槽，足以證明英國人真的超級念舊，即使冒著手會被燙到或被冰死的風險，還是不願意和過去說再見。

除了冷熱分離的水龍頭，英國廁所裡還有一樣非常常見的古早味玩意，它的高度通常和馬桶一樣高，大小也差不多，但沒有水箱或沖水鈕，反而像水槽那樣中間有個凹槽，一旁還有個水龍頭。

初次見到時，我壓根不知道這玩意是用來幹嘛的，由於它的高度和馬桶一樣，直覺告訴我它應該和屁股有關。果不其然，從英國朋友口中證實，這個我在臺灣從沒見過的東西叫「bidet」，翻成中文是「坐浴桶」，真的就是個洗屁股的玩意。

相傳坐浴桶是法國人在十六世紀時發明的，當時的人無法每天負擔將浴缸裝滿水的人力與經濟成本，就發明了大小剛剛好夠放入臀部的「屁股浴缸」，以便天天輕鬆又省錢地把屁股和性器官這兩個重點部位洗乾淨。

之所以取名叫「bidet」，據說是因為 bidet 在法文裡的意思是「小馬」，跨坐其上洗屁股和生殖器的動作和騎在小馬上的姿勢很像，發明者就決定以 bidet 為名了。由於坐浴桶實在太好用，打從十六世紀出道後，一路從法國流行到英國與許多歐洲國家，有些國家的法律甚至規定有馬桶的地方就要有坐浴桶。

婆婆家浴室的坐浴桶。

時至今日，雖然坐浴桶在現代化的英國廁所中近乎銷聲匿跡，仍有廠商持續生產，甚至製作電動版本的，就像免治馬桶那樣會自動噴水還能調節水量大小與溫度，讓你不只把屁股洗乾淨，還洗得優雅又舒適！可見坐浴桶在英國還是有一定的市場，不愧是以「熱愛古典事物」聞名的英國人！

聽說有外國人因為不知道坐浴桶的用途，直接把它當成洗衣服的水槽，乍聽之下有點噁心，好在不是用來洗臉，大概也算是「不幸中的大幸」。讓外國人摸不著頭緒的造型與用途不知曾造成多少誤解，坐浴桶榮登英式廁所陷阱之冠！

花錢與省錢

每種文化看待財富的態度不同，而這套價值觀會影響消費和儲蓄的習慣。對大部分英國人來說，「非花不可」的錢是以下這三種：度假的錢、喝酒的錢，以及做善事的錢。

度假是慰勞自己辛苦工作的嘉獎，同時也是自我充電的機會，絕對不能省。酒錢也不用多說，除了每個星期五晚上固定和三五好友一起上 pub 喝個爛醉，舉辦派對時更要將酒備好備滿，客人喝得不盡興可謂辦趴踢最大的失敗。另一方面，英國人非常熱中於捐款做善事，各種形式的慈善募款不但一下子就達標，還時常超出目標好幾倍，看似冷漠難親近的他們，其實非常熱心又善良。

但若說到儲蓄，普遍來說，英國人不太存錢，幾乎每個人都是月光族。其實他們也不是完全不存錢，而是要讓他們存錢必須有很強大的動力，而這個動力就是「花錢」，譬如買房、買車、結婚、來場奢華的夢幻度假之旅，或是其他需要砸錢的人生目標。

總而言之，英國人的錢不太留得住，他們不像東方人多半有儲蓄的美德。我想這或許和英國傳統上是個社會福利國家有關，不管是失業有失業補助、生孩子有育兒津貼，還是有免費的健保可以看病，新冠疫情期間政府也大方補助所有勞工八十％薪水，造成英國人先天上和喜歡存錢的臺灣人很不同，相比之下也比較沒有未雨綢繆的習慣。

英國人面對名牌的態度同樣和大部分亞洲國家不一樣。亞洲人普遍喜歡名牌，尤其是 Burberry 這種經典品牌或是 Jo Malone 的頂級香水品牌，幾乎成了來英國旅遊的購物重點。亞洲觀光客往往一大袋一大袋地往行李箱裝入這些價值不菲的精品，不能出國也經常透過代購掃貨。

反觀土生土長的英國人，對這些品牌的態度相對來說相當淡定，有些甚至是「名牌認識我，我不認識它」。我曾在公司內口頭調查，認識 Jo Malone 的人只占全體同事十％，而且就算知道也不表示會想購買。

Burberry 更不用說，雖然大部分英國人都知道，心態上卻是「與我無關」。英國的時尚產業發達、設計師輩出，還有許多品質好、價格適中的精品品牌可以選擇，加上近年英國吹起客製化風潮，許多品味人士寧願花錢購買由獨立品牌製造、獨一無二的商品，也不願砸大錢在有名牌光環加持的 Burberry。

這裡順便說一個關於 Burberry 的小故事。據說在二〇〇三年左右，蘇格蘭的幫派中突然掀起一股穿戴 Burberry 的潮流，讓向來以質感著稱的百年老牌和幫派扯上邊，造成近九成蘇格蘭 pub 拒絕讓身穿 Burberry 或手拿 Burberry 包包的客人進入，怕幫派分子在店內鬧事。這種現象後來甚至擴散到英格蘭，讀者先生就曾經因為戴著 Burberry 圍巾而被酒吧警衛拒於門外。

大概和某些品牌直接讓人聯想到亞洲土豪一樣，這也是因為擁有太多來自某特定族群的鐵粉而被賦予品牌新形象的案例。當媒體訪問 Burberry 品牌公關，問他擔不擔心這個不是由他們公司打造的「新形象」會影響銷售量時，品牌公關老神在在地表示，他相信這只是區域性的差異，不會對其他市場造成衝擊，何況英國市場只占 Burberry 全球市場十五%，真的不用太過擔心，也間接印證了這個英國最有名的時尚品牌大部分都是外國人在買。

亞洲人對於精品的熱愛除了讓英國人大感意外，也讓他們深感困惑。有些消費者的經濟能力明明無法大肆購買精品，卻借錢或貸款買名牌，完全就是錢沒有花在刀口上的表現。

二〇二一年的英國法定基本薪資雖然是一小時八・九一英鎊（折合臺幣約三百五十六元），由於房租、交通費、水電瓦斯和油價等主要開銷偏高，許多英國人都已發展出一套英式省錢之道。畢竟在這個以高物價聞名於世（大約是臺灣一・五到兩倍）的國度，並不是所有英國人的收入都追得上。

英國人省錢是在不影響生活品質的前提下節省不必要的支出，所以不會有「能走路就不搭計程車」或「只要還沒到零度就不開暖氣」這種近乎自虐的省錢招數。為了花更少的錢買到一樣的東西，他們通常會借助以下三種方式：使用比價網站、善用「cashback」獲得回饋金、使用折價券（voucher）。

比價網站顧名思義就是幫助消費者比較價格的網站，譬如專門查詢商品價格的「Pricerunner」，只要輸入產品品牌和型號就會自動比對英國各大網站上同一商品的售價，讓消費者用最低價格買到一樣的東西。「Skyscanner」則是專門比較機票或其他旅遊相關產品的網站，能讓消費者買到最划算的機票或套裝假期。

如果要買的是保險，「confused.com」、「MoneySuperMarket」、「GoCompare」和「Uswitch」等網站都可以比價，尤其英國的車險相當昂貴又年年調漲，如果不想當冤大頭，每年車險到期前一定要記得比價，千萬不要傻傻續約。我的個人經驗是比價後至少可省下一、兩百英鎊，功課算是做得非常值得。車險的邏輯也適用於電費、瓦斯費、電信費和網路費，像是「MoneySuperMarket」、「GoCompare」與「Uswitch」都提供這些產品供應商的比價服務。這些日常生活的必須費用每年調漲幅度驚人，實在不能不多留意。

除了比較價格，英國許多網站都提供回饋金服務，譬如「TopCashback」就是最多人使用的。使用方法也很簡單，只要在線上購物前先拜訪該網站，再從那裡點選你打算消費的品牌，只要你想購買的品牌有和該網站以回饋金的方式合作，付款完成後，「TopCashback」就會依照各品牌的規定，提撥不同比例的回饋金到你的帳號裡。善用回饋金加上比價網站，有時真的能省下一筆可觀的金額，是我大力推薦的英國省錢之道。

此外，英國商店很喜歡用折價券吸引消費者，從實體折價券到現今順應電商趨勢推出的眾多虛擬折價券，近年也出現許多幫消費者蒐集電子折價券的APP。譬如「honey」就是個非常方便的APP，只要下載在電腦或手機裡，結帳前它會自動幫忙掃描，針對你打算消費的品牌找出目前所有網上推出的折價券，如果剛好有等於是意外賺到。由於只要下載APP，其他任何動作都不用做，可說是一種什麼都不用做的「被動省錢術」。

另一方面，有些英國人會用購買二手物品的方法節省開支。英國和大部分歐美國家因為環保意識高漲，十分流行購買二手產品，除了為地球盡一份心，也讓資源發揮最大效益，他們不但不排斥二手物品，舊貨還成為一種社會風尚。

在英國若想購買二手商品，除了透過 eBay 或 Facebook 的二手物品社團，還有兩種不需要網路的途徑，也就是二手慈善商店（charity shop）和後車廂甩賣（car boot sale）。

二手慈善商店的開設目的，是為了透過販售民眾熱心捐贈的用品幫助慈善機構，譬如「British Heart Foundation」幫助的是以宣導預防與治療心臟病為主的慈善團體，「Cancer Research」則是幫助癌症研究的慈善單位。不管哪一種，慈善商店是公益性質，營運幾乎是零成本，員工幾乎都是不支薪的義工，貨品則來自善心人士捐贈，據說房租也是政府特別給的優惠，目的就是最大化慈善商店的收入。

英國人喜歡做善事，知道慈善商店能夠直接幫助慈善單位，都會將家中用不到的東西全數捐贈出來。捐贈物從大型家具、家電、各類擺飾、生活用品，到書籍、玩具、衣服，甚至古董都有，更不乏品質極佳的高檔品牌或幾乎全新的物品，若想找好康，去慈善商店就對了。

以衣服為例，我時常在慈善商店買到連吊牌都沒剪掉的全新衣物，更棒的是慈善商店的東西定價超低，幾乎是市面上不可能看到的價錢。我曾在「British Heart Foundation」以十幾英鎊入手幾乎全新的英國知名時尚品牌「Karen Millen」洋裝，用二十幾英鎊入手英國凱特王妃愛牌「REISS」的晚禮服，比原價一折還低上許多，價格實惠又能幫助慈善機構，難怪深受英國人喜愛。

後車廂甩賣的概念其實和慈善商店差不多，同樣是拿出自己不用的舊物來賣，但是後車廂甩賣沒有店面，以開放空間的市集形式為主，而且價格更低廉，便宜一點的單品成交價有時連一英鎊都不到，是以便士（pence）計價，可說是真正的甩賣。之所以叫「後車廂甩賣」是因為只要你有車，繳交一定規費後，在地方政府公告的時間和特定地點，打開後車廂就可以拍賣自家舊物，隨意擺攤。

後車廂甩賣是區域性互助活動，由於售價低到離譜，參加者的目的通常不是賺錢，而是廢物利用、資源回收，除了給自己一個斷捨離的理由，好好騰出更多空間，更能讓自己不需要的舊物有機會成為別人的新寶貝。

值得一提的是，後車廂甩賣雖然也是「什麼都賣，什麼都不奇怪」，但會因為地域的不同而出現物品種類上的差異。譬如有些地方流行蒐集古董，該地的後車廂甩賣就會出現特別多古董，有時甚至吸引古董收藏家特地前往呢！

比機票貴的天價火車票

雖說英國物價高早已不是新聞，若票選讓大部分人最感吃不消的生活開銷，交通費絕對榮登冠軍寶座。

英國的陸上交通費在歐洲來說可說數一數二高，大概只有物價本來就比英國更高的瑞士、斯堪地那維亞半島上的瑞典、丹麥、挪威，以及高處不勝寒的冰島能夠超越。

英國的交通費到底貴得多誇張呢？

首先是都會區的短程運輸，也就是地鐵、巴士、地上輕軌（tram）和計程車。以首都倫敦為例，倫敦擁有讓英國人引以為傲的「全世界第一座」地下鐵，綿密的交通網絡又和倫敦輕軌相連，讓在大倫敦地區移動變得十分便利，理所當然成為大部分倫敦人的大眾交通工具首選，但是倫敦地鐵的票價並不便宜，從一區到六區的平均單程票價是

五．四五英鎊，折合臺幣約兩百一十八元，類似悠遊卡的「牡蠣卡」（Oyster Card）雖然費用稍低，同樣區間的平均單程票價只要三．七五英鎊，折合臺幣約一百五十元，但相比於法國巴黎地鐵的單程一．九歐元、西班牙巴塞隆納地鐵的單程二．四歐元、義大利米蘭地鐵的單程兩歐元，倫敦地鐵的單程車資足足高了兩倍之多！

改搭公車比較便宜？答案雖然是肯定的，但以臺灣人的眼光來看，英國的公車票價仍然是天價，單趟車資一．五英鎊，折合臺幣約六十元。一天內可無限使用的 Day Pass 要價四．五英鎊，基本上搭三次就值回票價，但倫敦路窄車多，幾乎一整天都是尖峰時段，趕時間的人如果搭公車一定要有遲到的打算，並不適合需要準時上班或上學的通勤族。

奇妙的是，倫敦以外的地區，大眾運輸網絡雖然沒有這麼完整綿密，班次也不如倫敦密集，交通費卻沒有比較便宜，還是維持和首都差不多的水準。以我住的英格蘭東中部（East Midlands）為例，公車單趟票價依照距離，價格從一鎊多到兩、三鎊都有，完全向倫敦看齊，導致大部分人選擇以車代步。雖然在英國養車非常花錢，油價更是臺灣兩倍多，自己開車至少行動力比較高，不用花錢買貴森森的車票，也不用等公車等上老半天，更糟的是公車路線為了覆蓋更多區域，通常都會繞路。

地上輕軌方面，英國有八個城市建有輕軌，分別是先前已提過的倫敦，以及克羅伊登（Croydon）、伯明翰（Birmingham）、曼徹斯特（Manchester）、謝菲爾德（Sheffield）、新堡（Newcastle）、諾丁漢（Nottingham）與黑池（Blackpool）。票價因城市而異，大部分是一英鎊多，譬如在倫敦用牡蠣卡是一．五五英鎊，在離倫敦不遠的克羅伊登用牡蠣卡則是一．五英鎊，曼徹斯特是一．四英鎊。但也有像諾丁漢這樣的中部大城，輕軌單程票價高達二．四英鎊，是首都倫敦的一．五倍，完全無法反映當地物價，只能說每個地區和每間公司在維護輕軌系統時的成本都不一樣，反映在票價上當然就有不同的結果。

至於計程車，計費方式也視各地規定而異。以倫敦為例，起步價三．二英鎊，折合臺幣約一百二十八元，隨便一趟十到二十分鐘的短程，視時段不同，大約十到十五英鎊之間，折合臺幣約四百元到六百元，如果開遠一點，三十英鎊（約臺幣一千兩百元）絕對跑不掉。如此「高貴」的運輸工具不要說外國人吃不消，連英國人都覺得負擔很重，難怪 Uber 剛在倫敦出現時，所有人都改搭 Uber，畢竟平均每公里便宜了二．九五英鎊，換算成臺幣近一百二十元！倫敦以外的城市，計程車起步費略低，大約在兩英鎊多，唯獨諾丁漢的計程車起步費高達三．八英鎊，如果打算定居諾丁漢，交通費的預算要多抓一點。

儘管英國的短程大眾運輸費用已經高到讓許多剛來英國的臺灣人震驚不已，最讓外國人難以接受的還是跨縣市的長途運輸火車票價，動輒好幾千元臺幣，貴到爆炸，堪稱「天價火車票」。譬如從我家搭火車到倫敦，距離約一個多小時車程，來回票價是一百八十三英鎊，折合臺幣是七千多元，比很多廉價航空飛往歐陸國家的機票還貴出許多，難怪連英國人都抱怨連連，也造成出國旅遊比在國內旅遊還便宜的詭異情況，完全違背大眾交通工具的設計是為了便民的初衷。

面對如此昂貴的火車票價，英國人雖然覺得無奈，似乎也無能為力。捨去火車，跨縣市的大眾運輸只剩下相對便宜的客運（coach）。客運的票價可說相當親民，以據點最多、路線遍及全英國的 National Express 為例，從我家到倫敦的單程票價大概只要十幾、二十幾英鎊，來回票價加起來不會超過五十英鎊，遇到促銷時票價甚至下殺個位數，和近兩百英鎊的火車票相比，真的是人人都負擔得起的「夢幻價」。

然而，客運為了多接乘客將利潤最大化，中途會停靠許多站，而且每一站停留時間少則十幾分鐘，長則半小時。從我家搭火車到倫敦明明只要一個半小時，開車的話兩個多小時，搭客運卻得花上四、五個小時，完全不適合需要通勤的上班族。客運的主要消費者集中在有大把時間可以消磨的退休銀髮族、不需要上班的學生或無業人士，或是不急著一天看多個景點的觀光客。

英國火車票之所以如此「不親民」，輿論一般將矛頭指向一九七〇年代主政的首位英國女首相「鐵娘子」柴契爾夫人，在她偏重經濟發展的強勢領導風格下，鐵路從國營變成民營，火車票逐年調漲。雖然她主政的十一年（一九七九年到一九九〇年）讓英國在經濟上得到很大的發展，但也是英國從偏社會福利國家轉向提倡個人主義和自由市場的關鍵期，鐵路私有化更是她一系列為人詬病的政策中，影響英國後來數十年最鉅的一項，直到今天，英國人民還在承受這個決定帶來的後果。

火車交通費成為日常生活最大開銷之一的結果就是，買車人口連年增加。以我們鄰居為例，一家四口就有四輛車，而且像這樣一人一輛車的家庭在英國十分普遍。即便英國的油錢大約是臺灣的兩倍（一公升約一．三到一．六英鎊），養車也是筆不小的開銷（因為人工貴），但汽車至少是私人交通工具，不但比搭火車或客運有彈性，也可省去換車的麻煩。更重要的是，在多人共乘譬如一家人出遊的情況下，油錢絕對比火車票少很多。許多英國人只要是開車能到的地方，絕對不坐火車。

另一方面，昂貴的英國火車票有一套讓人無法參透的神祕定價規則，在臺灣訂火車票的思維在英國完全無法使用：

一、尖峰時段和非尖峰時段的票價差很多

英國的火車分別由許多不同民營公司負責經營，各家公司對於尖峰時段的定義不同，但大體來說，尖峰時段指的是上午九點或十點以前，以及下午四點或五點之後，總之就是大部分人上下班的通勤時間，其餘就是非尖峰時段。如果在非尖峰時段搭火車，通常能買到比較便宜的打折票，票價有時甚至是尖峰時段的一半。我個人感覺這根本在懲罰上班族，是個非常罪惡的定價標準。如果你買的是非尖峰時段的票，卻在尖峰時段使用，被查票員發現可是會被罰一筆價格不低的罰金，從二十、五十，甚至一百英鎊都有，奉勸大家誠實為上策，千萬不要因小失大。

二、票價不是依照距離而定

正常情況下，任何大眾運輸的票價應該都和旅行距離呈正比，但在「與眾不同」的大英帝國，此邏輯並不適用，原因仍然和英國的鐵路運輸是由許多不同民營公司經營有關。若搭乘經營成本較高的A公司火車，就算距離不遠，車票還是可能比B公司的長途

火車更貴。譬如從我家到倫敦明明只要一個多小時火車，去倫敦的票價卻比從距離倫敦五個多小時的愛丁堡還高，堪稱史上最不公平的定價方式。

三、早點預訂省很大

英國火車票雖然貴得離譜，但只要提早規畫行程，當個「早鳥」，還是能買到稍微便宜的票，而且理論上是提早愈多省愈大。壞處是這種有打折的早鳥票通常不能更改時間，完全沒有轉圜餘地，如果太早訂票但後來計畫生變，車票往往只能作廢。

四、來回票價不是單程票價乘以二

在臺灣或世界上許多國家，買火車票是件直截了當的事：單程票價是來回票價的一半，來回票價是單程的兩倍。如此簡單、透明的定價方式在英國卻行不通，原因和前述第一點與第三點有關，回程票價要看是否在尖峰時段，以及多早以前預訂有關。大部分人為了省錢，通常都是去程和回程一起訂好，避免回程時在火車出發前才買票，往往會買到沒有折扣的全額火車票。

最後，千萬不要天真地以為付了那麼多錢，英國的大眾交通運輸服務就很頂級。事實上英國的火車不但速度比不上臺灣高鐵（前者平均時速只九十五到一百零五公里，後者時速為一百三十至一百六十公里），還時常誤點，尤其是尖峰時段的貴森森火車，印象中十次大概有七次會延誤，而且每次都晚至少二十分鐘，對於通勤上班族來說影響甚大，不但上班遲到，還可能錯過重要會議。

除了火車不靠譜，倫敦地鐵也時常延誤或因維修而無預警關閉。雖說倫敦地鐵是世上最老的地下鐵系統，時常需要維修十分合理，還是讓倚賴地鐵的通勤族叫苦連天，畢竟這是全世界最繁忙的地下鐵系統之一，每天平均有五百萬人次使用量，動不動就突然關閉，無疑深深考驗著通勤族的應變能力。

英國的火車票價如此昂貴，每年還固定調漲費用，已經導致英國人民的反彈。英國最大的在野黨工黨曾在二〇一九年大選時提出至少降低三分之一火車票價的主張，雖然當時工黨並未獲勝，但未來若有機會執政，重新制定一套更合理的火車票價系統絕對會是該黨在民生經濟方面的施政重點。如果真有這麼一天到來，不但對英國公民來說是項德政，對觀光客來說也是一大福音，就讓我們一起期待吧！

世上最難考的駕照

我在二〇一一年移民英國時，碰上了英國近二十五年來失業率最高的一年，高達八．五％的失業率甚至比二〇二〇年疫情期間還高，讓我在找工作時遇到很大的挫折，但有件事卻讓我覺得比找工作更難，那就是「考駕照」！

英國駕照考試除了路考堪稱世界最難，據統計成功率只有四十三％，連筆試的成功率也只有五十％。不像在臺灣考駕照，筆試題目簡單到沒考過還比較難，路考也相當容易，當年我在臺灣考駕照不但一次就過，還是雙料冠軍呢。

在英國，一次就考過的例子不是沒有，只是非常少，在成功率只有四十三％的情況下，大部分人都是在五次內考過。也就是說，幸運一點的人大概能在第二次或第三次考過，比較倒楣的人大多也會在第四次或第五次考過。

我第一次路考時太緊張，第二、三、四次路考又遇到超嚴格的機車考官，第五次路考才終於考過。考官宣布 pass 時，我興奮到對著一臉嚴肅的考官大叫「I love you」，感覺他有點被我嚇到，搞不好還後悔讓眼前這個瘋子拿到駕照。但沒辦法，通過英國的駕照考試對我而言是人生中的重大里程碑之一，我真的無法掩飾興奮之情。

好不容易考上駕照雖然讓人欣慰，但也暗自覺得自己很遜。直到我老闆（男性、英國白人）透露他也是第五次才考過，我才比較釋懷，後來發現英國駕照考試成功率竟然只有四十三%，就更覺得自己的表現其實算不錯了。

當然，也有許多人連考五次都沒過還是不氣餒。根據統計，在第六次到第十二次間考過的人也不在少數，我想對於路考十二次才成功的人來說，國父革命第十一次就成功，似乎還比較容易。

英國駕照難考已是舉國公認，所以相關單位並沒有限制考試次數，只要老子有錢有閒又有恆心，一直考到考過為止也沒人會阻攔你。事實上，根據官方二〇一六年統計，英國前二十位重複考駕照筆試次數最多的人，全部加在一起的失敗次數竟然高達一千三百零九次，而且當中只有八位後來終於考過，其他十二位還繼續在努力中。統計還顯示，這二十位重複考駕照筆試次數最多的人中，「榜首」是一位三十歲女性，她以考了一百一十三次的成績「奪冠」，緊追在後是一位四十歲男性，他一共考了一百零七次，看來筆試失敗者是不分性別的。

以一次筆試二十三英鎊計算，這兩位考生光是參加考試的報名費就分別砸了兩千五百九十九英鎊（折合臺幣約十萬三千多元）與兩千四百六十一英鎊（折合臺幣約九萬八千多元），除了毅力過人，財力應該也十分雄厚。只不過筆試是英國駕照考試的第一關，不知道他們在終於考過筆試後，路考要幾次才會過。一次路考的費用高達六十二英鎊，希望他們不會為了考駕照弄得傾家蕩產。

以上費用只是單純的考試報名費，還不包括駕訓課程的學費。

在英國，由於駕照非常難考，幾乎所有想學開車的人都會找專業的駕訓學校（driving school）或以個人為單位執業的駕駛教練（driving instructor）。和臺灣不同，英國沒有「駕訓班」這種團體課程，只有教練和學員一對一的培訓課，而且從第一堂課就是在真正的馬路上，不像臺灣會先在模擬真實路況的駕訓場進行教學。上課前，英國教練會開著有雙煞車的教練車前往學員家接人，然後就讓學員直接坐上駕駛座，開始一小時「真槍實彈」的課程。這種上課方式讓學員從學開車第一天就開始培養「讀道路」（read the road）的能力，也就是識別路上交通有哪些潛在的危險，以及開車中何時、何地應該採取哪些相應步驟的必要駕駛能力，而不是像我十幾年前在臺灣考到駕照後，才開始訓練自己對路上交通的識別能力和敏感度。

英國的人力昂貴，有專業執照的人收費更高，駕訓課程當然也不便宜。平均而言，英國全國各地的駕訓課程費用大約是一小時二十三英鎊，折合臺幣約九百二十元，平均每人從上課到通過考試的所需時數是四十七個小時。也就是說，平均每個考上英國駕照的人大概都花了一千零八十一英鎊，折合臺幣約四萬三千元。

英國不像臺灣某些駕訓班會推出「保證班」，如果學員上完課後沒有通過路考，要繼續上課上到考過為止，可說是一條砸錢的不歸路。如果考運好或天生就是開車的料，或許可以少花一點錢，否則若想取得一張英國駕照，請先好好準備個一、兩千英鎊。

值得一提的是，大部分英國人學開車都選擇手排車，因為整個英國的汽車市場目前還是和全歐洲一樣，以手排車為主流，如果想在買車時多點選擇，手排車就是必然的結果。反觀臺灣，長期深受美國文化影響，人人都開自排車，手排車已近絕跡，導致臺灣人普遍認為學開自排車就好。

我問過很多英國朋友為何如此執著於手排車，難道不會被方便又現代的自動排檔車吸引嗎？結果包括讀者先生在內，每個被我問到的英國人給的回答都不出以下兩種：

一、手排車比較省油；二、手排車開起來比較有操控感。由於兩款回答都沒有證據支持，我個人感覺這又是「英國人喜歡老東西」的心理產物之一。

回過頭來說，英國的駕照考試之所以如此難考，我認為和考試制度、英國人的個性，以及道路設計有關。

首先是考試制度。英國駕照的筆試包括了複選題和危機意識測試（hazard perception test）兩大部分。在五十題複選題中，最少必須答對四十三題，不過這對有看書尤其是擅長考試的臺灣人來說，根本是送分題來著，沒考過通常是栽在危機意識測試。

「危機意識測試」，顧名思義就是測試考生的危機意識，考試方法是在電腦上播放十四段一分鐘的影片，每段影片中都會從四面八方冒出所謂的「危機」，可能是在路邊玩球的小朋友不小心把球踢到路中央，或是突然從角落冒出來的機車騎士，總之就是開車時可能會造成駕駛人發生車禍的任何危機，考生的任務就是在適當的時間點用點擊滑鼠的方式辨識它們。聽起來很簡單？實際考過就知道，最難的部分就是掌握「適當的時間點」，如果太早或太晚點擊滑鼠，都會被系統視為沒有偵測到危機而失分。

考過筆試後，兩年內必須參加路考，超過的話筆試成績就算失效，需要重考。路考為時約四十分鐘，開始之前考官會先幫考生測量視力，但是測量的方式非常土法煉鋼，就是在距離約二十公尺的地方，隨機挑選一輛車要考生念出車牌號碼，如果答錯，考官必須再換一輛車，考生總共有三次犯錯的機會。要是真的到了第三次仍然無法正確回答，表示考生的視力不及格，連路考都不用考，直接掰掰，臨時駕照（provisional licence）也會被吊銷，必須重新申請。

視力檢查通過後，考官會問考生幾個和安全操作車輛有關的問題。譬如要求考生示範如何開除霧燈，或是口頭回答如何檢查車輛是否需要更換機油等，全都是開車時會遇到的問題，屬於非常務實的「暖身題」。如果答不出來或答錯，會被列入一個小錯，整個路考只容許最多十五個小錯，因此雖是暖身題還是要好好準備。

暖身後就是重頭戲路考了。一開始的二十分鐘，考官會指示考生該怎麼走，考生只要照著考官說的話開就好。這二十分鐘內，考官可能會出其不意地要考生做緊急煞車，具體做法是考官會突然舉起他的手，同時說：「Stop!」，考生就要立刻急煞把車停下來，這真的是個會把人嚇出心臟病的過程，因為你很難掌握這題何時會出現，但考官的目的就是要模擬真實世界裡可能出現的情況。當然，基於安全考量，考官通常是在人煙稀少的荒郊野外出這題，還是有一點跡象可循。

另一必考題是停車，包括倒車入庫或路邊停車，考官會任意挑選其中一種，並且隨機在路上找停車位要考生停。如果遇到比較機車的考官，挑到超難停的車位，你的路考大概就凶多吉少了。

剩下二十分鐘是所謂的「獨立駕駛」（independent driving），這部分除了考驗考生的駕駛能力，也檢測考生辨識路標的導航能力，路痴程度太高的人可能會感到有點吃力。進行獨立駕駛測驗時，考官丟下一句「去某某地方」後就會完全閉嘴，讓考生自己從路上的標示中找到該地。據說近幾年考試時可以使用衛星導航，或許是考量路痴人數有增加的趨勢。

總共四十分鐘的路考中，除了上述小錯不得超過十五個，還有被歸類為大錯的「危險錯誤」（dangerous fault）和「嚴重錯誤」（serious fault）。前者指的是會對駕駛本人、考官或路人造成危險，後者指的是雖然不會直接造成危險，但有潛力變成「危險錯誤」，這兩種錯誤只要犯了其中任何一個，路考立即game over，請下次再來！

怎樣的情況會被歸類成「危險錯誤」或「嚴重錯誤」呢？其實真的不勝枚舉，譬如移動車輛前忘了看後照鏡，即使周圍完全沒有其他車輛，還是會被當作「嚴重錯誤」。考官認為你沒有在發動車輛前偵測周遭環境的習慣，將來可能會造成車禍。

有位英國朋友考駕照失敗，原因竟然是紅燈時沒有停在汽車專用停止線前，而是停在機車和腳踏車專用停止線上（通常比汽車停止線前面些），即使當時沒有任何機車或腳踏車騎士在前面，汽車停止線又嚴重掉漆，幾乎看不太到，還是被考官視為「嚴重錯誤」，當下 game over，真的非常倒楣。

終於理解英國駕照路考成功率為何只有四十三％了嗎？他們的考試就是這麼嚴格！也許你會說，這種規定也太不近人情，但英國人就是這麼一板一眼，再加上非常注重安全，而英國人這兩大特性，絕對是促成駕照難考的原因之一。

駕照考試如此嚴格，讓大部分英國人在上駕訓課時就培養了遵守交通規則的好習慣。在英國很少看到人隨意變換車道，因為絕對會被其他駕駛白眼、按喇叭或特別將手伸出車窗比中指。在英國駕駛人的觀念中，隨意變換車道超級危險，不像在臺灣或一些亞洲城市，變換車道宛如行雲流水，其他駕駛見怪不怪，大家共同在不遵守交通規則中達成某種和諧的秩序。

最後，英國駕照難考，我覺得第三個原因來自道路設計，尤其是最容易讓駕駛初學者感到困惑的圓環。

占地超大、出口超多的圓環是為了紓解交通，英國人似乎對它特別鍾愛。據統計，全英國有多達兩萬五千多個圓環，其中有些大到讓人覺得中間的「島」上可以蓋一座帝寶，出口也多到讓人一不小心就會迷路。最經典就是位於英格蘭西南方的「神奇圓環」（Magic Roundabout），這座位於 Swindon 的超大圓環由五個順時針轉的小圓環以及中央一個逆時針轉的大圓環共同組成，其複雜性之高、占地之廣，位居全英之冠。

就算只是一般的圓環，對於不熟悉英國交通規則的人來說，已是相當程度的挑戰。駕訓班的教科書明確指出，進入圓環時應該走的車道和要在哪個出口出來有關，所以駕駛人在尚未開進圓環時，就要迅速判斷好自己的車道，並在適當時機將車子移往接近出口的車道。英國人相當重視在圓環裡移動的「眉角」，如果不遵守遊戲規則，下場很可能以出車禍收尾。圓環的複雜動線讓原本已經很難考的英國路考困難度又增加了好幾倍，完全雪上加霜。

雖然如此難考，大部分英國人還是會在年滿十六歲時開始學開車，並在法定最低考試年紀的十七歲時報考。一張駕照不但象徵著自由度與獨立性大幅提高，找工作時也有加分作用，是英國人人生中最基本也最重要的第一張證照。

辦公室生存術

英國人的小怪癖展現在生活中各個面向，當然也包含工作場所。做為資深英國上班族，我想和各位分享一些外國人在英國辦公室裡的生存眉角。這些建立在英國人怪癖上的眉眉角角，有些很有趣，有些很溫馨，有些會讓人破財，有些是不可不知的大禁忌。

依據在英國公司上班十年、周旋在清一色全是英國白人同事的自身經驗，我歸納出以下四大英國上班族必須修煉的辦公室生存術，有心到英國工作的讀者還請熟讀。

一、聊天（chit-chat）

你沒看錯，聊天絕對在英國職場裡占了很重要的地位。

這裡說的不是一般的聊天，而是「chit-chat」或也有人說「small talk」，意思就是聊些無關緊要的小事。之所以叫「chit-chat」，其實是用「chit」這個狀聲詞來形容人們窸窸窣窣的聊天聲，畢竟聊天這種有來有往的對話從遠方聽起來就是窸窸窣窣，所以才有了「chit-chat」這個狀聲名詞。

聊天之所以這麼重要，和它是英國人最重要的社交儀式有關，尤其一般上班族在辦公室一待至少八小時，如果不時常來個「chit-chat」，該如何打發這漫長的八小時呢？

這可不是說英國人愛偷懶，而是因為「chit-chat」可以調節辦公室氣氛，讓同事們透過聊些無傷大雅的話題了解彼此，畢竟大家幾乎天天見面又朝夕相處，利用「chit-chat」做為一起工作時的潤滑劑可謂有絕對的必要。

同樣邏輯也適用於和客戶開會。一般來說，會議剛開始前五到十分鐘幾乎都在聊天，職場老鳥都知道在規劃會議時程時，一定要預留時間給大家聊天，也算是為會議暖暖場。

既然被視為「small talk」，和同事「chit-chat」當然不適合聊太嚴肅的話題，尤其是以下四個禁忌絕對要避免：薪水、政治傾向、宗教和性取向。

大部分英國公司都採取薪水保密制，不但同事間嚴禁討論薪水，有時甚至連直屬主管都不一定清楚團隊裡每個人的薪資。事實上，不只是同事之間不適合討論，「不談錢」這個原則可說是和英國人聊天的第一條鐵律。像臺灣長輩那樣喜歡問晚輩一個月賺多少錢的情況，在英國幾乎不可能出現。

政治傾向亦然，避談主因是為了避免不必要的爭執。我們公司的員工手冊就規定，脫歐期間所有員工禁止在社群媒體上分享自己的政治傾向，除了避免同事間意見不合，更重要的是不讓客戶有得知大家政治傾向的機會，畢竟脫歐話題敏感，撕裂族群，現今網路發達，在社群媒體上和客戶互加好友的情形十分普遍，如果因洩露了自己的政治傾向而失去客戶，豈不是和錢過不去！

至於避談宗教和性取向，主要是英國職場對於員工的平等權利有很嚴格的規定，因為宗教或性取向而導致歧視就算違法，大部分人對於不同的宗教信仰或性取向都保持開放態度，或至少「表面上」尊重。如果在閒聊中不小心透露出歧視，往往造成不必要的困擾與麻煩。

幾年前我們公司雇用了一位新同事，他主動透露自己是 gay，但沒說另一半是變性人（由女性變成男性）。當另一位女同事基於安全考量認為女廁不應該開放給變性人使用時，兩人就發生了衝突，場面十分尷尬。這件事除了令我印象深刻，也讓我後來時時刻刻提醒自己，千萬不要不小心犯了這個錯誤。

如果不熟悉「chit-chat」原則和技巧，建議從以下四大話題著手：天氣、交通、周末、度假。

首先，「討論天氣」基本上是深植在英國人DNA裡的第二天性，誰叫英國的天氣如此反覆無常，尤其是春天，一天內出現四季的天氣都很常見，十分值得討論。

還沒移民英國時，我一直覺得英國人愛討論天氣是很矯情的行為，認為他們故意挑天氣這種無傷大雅、門檻又低的話題來敷衍不熟的人。直到在英國工作和生活了一段時間，某天發現我竟然不自覺地和客戶、同事以討論天氣當作開場白，驚訝自己內化如此成功之餘，也不禁感謝英國的天氣如此多變，帶給所有人最簡單的共同話題。

而討論交通之所以是個好話題，除了歸功於世界無敵貴的高價交通費，大眾交通運輸工具的不靠譜也是箇中原因，常常 delay 或動不動就取消，讓愛抱怨的英國人找到最完美的碎碎念理由。

至於討論周末活動嘛，則是每位上班族每周五下班前和每周一早上剛進辦公室時的寒暄重點。英國人相當注重休閒生活，周末通常會有精彩的規劃，互相關心彼此的周末安排，人人都能興高采烈說上兩句，也能從中進一步了解同事的興趣和嗜好，不但是個安全的話題，和天氣或交通相比也更有意義與建設性。

提到星期五，不得不提一個在英國職場非常普遍的現象，那就是星期五的工作氣氛非常散漫，除了同事間相約一起上pub吃午餐，提早下班更是大家都覺得理所當然、人人都有共識的默契。有些公司甚至在合約裡就寫明星期五提早一個小時或半小時下班，表面理由是讓大家避開周末車潮，真正的原因全員心照不宣（我絕對沒有說是老闆自己也想提早下班）。

受此風氣影響，在英國生活夠久的人都知道，如果有重要的待辦事項，千萬不要等到星期五下午才處理，很多單位周五中午一過，員工不是待在pub等下班，就是早就找了理由先開溜，不管你打電話或寫Email，很有可能都得等到下周一才有回覆。

最後是不管在哪、不管和誰，永遠都廣受歡迎的話題「度假」。英國人的人生就是為了holiday而存在，這樣講絕對不浮誇！他們努力工作賺錢為的就是擁有一個可以盡情放鬆的假期。度假不光是許多英國人一年中最期待的時刻，他們從計畫假期時就已經開始興奮，度假回來也回味很久，可說是英國人日常生活中最重要的話題之王，在談話中所占比例相當高。正因為英國人不是忙於計畫假期就是剛度假回來，「chit-chat」時如果不知道要說什麼，討論holiday準沒錯。

二、輪流泡茶（tea round）

如果票選英國的辦公室文化現象，「tea round」文化絕對榮登第一名。我待過的每間辦公室都會輪流泡茶，除了因為他們真的很愛喝茶，輪流泡熱飲給同事喝也是最基本的禮貌，加上跑到每個同事的座位「接受點單」時，還可以順便閒聊兩句，是拉近彼此距離的好方法。

「tea round」約略以部門為單位，如果是大公司可能會再細分組別，原則上以八人左右為上限。如果超過八個人，備妥每個人的熱飲可能已經過了半個小時，有浪費時間之嫌，而且一天的工作時間就是八小時，八個人輪流的話，剛好每個人都會輪到一次，不會有誰多泡一次的問題。換句話說，在英國工作，一天喝個八杯茶或咖啡是很有可能發生的。雇主提供員工免費的茶、咖啡和餅乾在英國不但非常普遍，也算是最基本的員工福利。

「tea round」時最重要的事情有二。首先，不能忘了詢問任何一位同事，即使只是無心之過，不小心忘了某人也可能讓被遺忘的同事產生心結，所以一定不能漏掉任何人。第二，務必清楚記得每個人的「點單」，譬如A君的茶是加奶不加糖、B君的咖啡是加糖不加奶、C君有乳糖不耐症只能加燕麥奶或豆奶等，這些細節全都要牢牢記住。

如果泡出來的飲料不符要求，輕則被同事挖苦兩句，嚴重一點可能害乳糖不耐症同事進醫院，事情可就大條了！

好在參加「tea round」多半是同一批人，泡了大概一星期的茶與咖啡後，大概就能記得每位同事的喜好，比較不會犯錯了。

三、募款活動

英國人熱愛做公益，募款本來就很常見，辦公室裡自然經常出現群發 E-mail，不是A君下周要跑馬拉松募款，就是B君要在慈善機構舉辦的晚宴上跳國標舞募款，同事們天天朝夕相處，通常不好意思拒絕，多少都會捐一點意思一下，常常很快就能達標。

另一種辦公室募款是某同事退休、另謀高就，或是人生進入下個階段，比如結婚或生小孩，這種時候通常會有人（一般是 office manager 的責任）發起募款活動，要大家一起籌錢買禮物。最貼心的是，英國人除了送禮物，還會很慎重地挑選卡片，有時甚至準備高價的客製化卡片，上面有當事人的名字或照片，在辦公室裡神祕地輪流傳遞，確保在當事人不會發現的情況下在卡片上留下祝福。

為了不被當事人發現，這張卡片多半藏在超大的A4信封裡，假裝成公文，也方便大家把錢放進去。如果有機會在英國工作，看到辦公室裡出現這種大信封，大概就心知肚明了。

我快生小龍包和小龍女時，兩次都收到公司同事集資募款買的禮物和卡片。除了禮物非常適合我的需求，想到同事們如此小心翼翼地祕密傳遞著大信封，讓它在每位同事的辦公桌上流浪過後最後來到我手上，心中就特別感動。對我來說這就是英國人的浪漫，表面上雖然讓人覺得很有距離或很難親近，骨子裡其實是一顆纖細敏感又體貼的心。

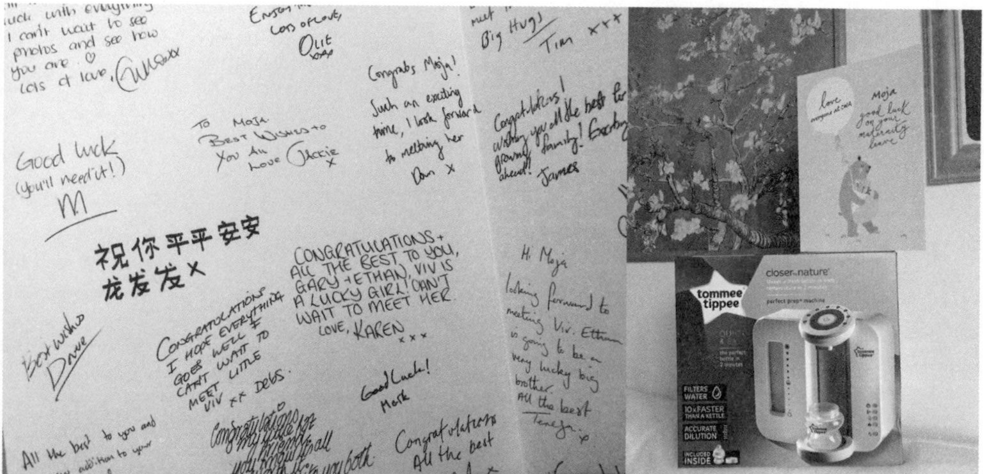

我懷小龍女時公司同事集體寫了一張大卡片，並送上育嬰用品祝賀。

四、派對文化

談英國的辦公室文化，不能不談派對。無論是歡送退休或離職同事的歡送派對，或是一年一度最重要的聖誕派對，甚至沒有特殊理由，單純同事間固定聯絡感情而舉辦的小型派對，都是英國職場中很重要的一環。雖然不需要每次都參加，但若次次拒絕，可能會被認為是不合群或有個性難搞的嫌疑，就算你不是 party animal、天生不喜歡社交，如果成為一枚英國上班族，我建議偶爾還是要出席一下。

在派對中，最常出現的活動無非喝酒、跳舞和機智問答（quiz）這三樣。前兩樣很好理解，畢竟全世界的派對都有酒和熱舞，第三樣就非常 British 了，可說是最有英國特色的派對元素。沒辦法，英國人真的太愛 quiz 了，就連 pub 為了招攬生意，每周都會固定一天舉辦所謂的「quiz night」，多半是周一到周四的其中一天。這幾天上 pub 的人一般來說比較少，老闆若想炒熱氣氛就得靠 quiz。

以我的經驗來說，因為 quiz 的題目往往和英國歷史文化有很大的關聯，外國人根本不太可能知道答案。每次和我同隊的同事都知道，與其說我是參賽者，不如說我是啦啦隊還比較貼切，反正派對裡的機智問答輸贏不重要，氣氛有沒有被炒起來才是重點。

對我來說，在英國人開的公司工作，並成為公司裡唯一的外國人，絕對是讓我能夠全面融入英國文化的重要原因之一。以上四大「英國辦公室生存術」希望對於有心想在英國找工作，或是已在英國工作但覺得很難融入的人參考，祝福大家都能順利和英國同事打成一片。

PART III

關於蠱格魯薩克遜民族

雙重人格

英國人以有禮貌聞名於世，和他們相處時常聽到「After you」（你先請），還會幫忙開門、幫女士提重物，很容易讓人心生好感。但是你知道嗎？英國人自己最「引以為傲」的美德竟然是排隊！

準備寫書前我做過「田野調查」，詢問身邊比較親近的英國朋友們，有哪些事情是英國人覺得理所當然但其他國家的人可能不一定會這樣做，或是覺得英國人這樣做很奇怪的？結果十個有九個回答「排隊」。認為英國人和其他歐洲人最大的不同就是會自動自發排隊，而且不只是主動排排站好，隊伍還能維持得又長又好，中間保有一定「社交距離」，不會給人壓迫感。

由於排隊在亞洲本來就是稀鬆平常之事，對於來自臺灣的我來說，根本不覺得這是什麼值得誇耀的美德，便反問他們：「難道你們眼裡的歐洲人都不排隊嗎？我去歐洲旅行時，不管是去郵局寄明信片或在超市結帳，大家明明都有排隊啊！」這時我的英國朋友們突然團結起來，不但你一言、我一語地夾攻我，還從英國人的民族性分析，一副我竟然不懂得珍惜英國人最美好的特質之一似的。

綜合他們的說法，對於部分歐洲人（尤其是地中海附近）來說，排隊是在不得不排的情況下才會做的事，譬如去銀行、郵局、政府部門等機構辦事，或是去商店、百貨或餐廳消費時，一定要排隊才會有人服務你，但如果是等待或搭乘大眾運輸交通工具，歐洲人就不一定會排隊了，反而很可能一窩蜂一擁而上。

反觀英國人，無論等待的是何種交通工具，在沒有強制要求非得排隊才能上車的情況下，還是會很有默契地自行排出一列井然有序的隊伍。盎格魯薩克遜民族的中心德目就是「公平」，為了達到公平，排隊自然成了眾人默認的基本禮儀，不用提醒、無需規定，陌生人之間都知道誰在誰的前面，如果偶爾有白目的外國人插隊，英國人絕對不會坐視不管，會客氣要求對方加入排隊的行列。

我本來對這個說法半信半疑，直到有一年和讀者先生帶著當時才三歲的小龍包去南法度假，某天在一個濱海小鎮準備搭公車時，發現前面那群法國年輕人和另一群也是來度假的德國年輕人完全沒有打算排隊的跡象，三五成群地擠在站牌前，那時才突然覺悟英國朋友說的一點沒錯，以前的我果然「身在福中不知福」。當然，這種現象無法代表所有的法國人、德國人或其他歐洲人都不願排隊，只能說排隊等車這件事在部分歐洲國家中或許並不像在英國，是種約定俗成、人人遵守的基本禮儀。

基於對公平正義的追求，英國人將排隊內化到日常生活的各個面向，甚至在 pub 買酒都發展出一套只有酒客和酒保才看得懂的「隱形隊伍」（invisible queue）。畢竟有些 pub 內部空間不足，無法排成一條長長的隊伍，但看似忙碌的酒保仍然知道所有酒客先來後到的順序，能夠無比精確地掌握應該先服務哪位酒客，酒客之間也知道誰在誰前面，自己又是排在誰後面，不會任意插隊。這種驚人的默契外國人很難理解，如果因為不懂這個 pub 潛規則而不小心插了隊，酒保會當面指正，告訴犯規的人請稍等，輪到時自然會讓他知道。

我第一次聽說「pub 裡的隱形隊伍」時已經相當驚訝，實際上看到酒保真的按照這條「隱形隊伍」服務客人，心中的震驚程度更是筆墨難以形容。除了對於酒保在百忙中還能多留一份心 multitask（多工處理），注意誰比誰先到，更折服於他絕佳的記憶力，畢竟 pub 裡客人多時，隱形隊伍可以很長，既看不到排隊人潮，又要同時記住客人之間的先後順序，絕對是件不容易的事。在英國住了十年後，偶爾看到外國酒客在 pub 露出驚呆的表情，我就知道他們一定也是震撼於這條「隱形的隊伍」。

除此之外，英國人也很擅長順著「隱形的圍欄」排隊。最經典的例子是二〇一七年英國知名創作歌手 Ed Sheeran 在倫敦能容納兩萬人的 O2 Arena 開演唱會時，部落客 Andrew Last 發現，在沒有圍欄、也沒有工作人員要求的情況下，等待進入會場的兩百多位民眾自動自發順著「隱形的圍欄」排成又長又整齊的 S 型隊伍。現場照片被《標準晚報》（*Evening Standard*）轉載，完美證明了英國人擅長排隊名不虛傳，相信看到圖的外國人都能秒懂英國人為何對「排隊」如此自豪。

然而，用雙腳走路時客氣到不行、主動排隊絕不爭先恐後的英國人，一坐上駕駛座開車，突然就會跑出「第二人格」，不但完全失去耐心，禮貌也被拋諸腦後。

說也奇怪，走路時完全不介意讓別人先走的英國人，手一碰到方向盤就恨不得能一路超車直抵目的地，如果前車稍微慢了一點，有些人馬上搖身變成流氓，口出穢言絲毫不客氣；有些人為了向前車駕駛表達不滿，會非常誇張地做出很無奈的表情，目的就是讓前車駕駛從後照鏡裡看到自己的抱怨；有些人因為太氣憤了，除了按喇叭催促，甚至會在終於超車後，對著剛才在前面慢慢行駛的前車比中指，或是以反比「YA」的「兩根手指致意」（two-fingered salute）回敬，攻擊性超強，根本判若兩人。

我被號稱「斯文」的英國人行過「兩根手指致意」禮，當下既生氣又好笑。生氣是我從來沒被別人比過這種不雅手勢，好笑則是因為前面就是紅燈，大家都要停下來，真心不懂對方為何硬要趕在我前面停下來，能超一部車也爽？每次問英國朋友為何大家這麼愛超車，甚至到了即使知道前面是紅燈還是硬要超車的幼稚程度，他們都回答不出個所以然。超車已經成為英國駕駛人潛意識的直覺，只要看到前方有車就要超，就算下一秒是等紅燈也絕對要超！

除了對於超車有著近乎偏執的熱愛，許多英國駕駛人還很喜歡搶在燈號快從黃色變成紅色時飆車，穿越他們本來應該要停下來的地方。根據調查，有二十九％駕駛承認，看到燈號轉成黃色時，第一個反應就是「加速衝過去」，而不是如同考駕照時教科書裡所寫的，開始減速然後停下來。

明明這麼危險，竟然有二十九％駕駛只是為了省時間就忍不住去做，彷彿一上了駕駛座就變成每分鐘十幾萬上下的大忙人，每分每秒都不想浪費。這讓我忍不住想，英國人是否因為平常走路時都太有禮貌，多少有點自我壓抑的傾向，一跳上車，覺得其他人無法輕易看清他們的臉，因此原形畢露，將平時壓抑的情緒完全發洩出來，才會有這種沒耐心的表現？

除了超車和闖黃燈，英國駕駛人還有邊開車邊吃東西的壞習慣。根據統計，三十五％駕駛喜歡一邊開車一邊吃東西。或許你會說，臺灣也有很多人這樣啊，有什麼大不了的？別忘了，目前英國路上跑的車大部分都是手排車，自動排檔的車算是少數，一邊開手排車一邊吃喝，不光是很難也非常危險。邊開車邊吃喝雖然不違法，警察還是能以「開車不專心」的名義開罰，罰款高達一百英鎊，還要扣駕駛點數三點（被扣滿十二點可直接吊銷駕照）。

英國人的超車習慣就像被制約了般很難改變，但若遇到以下三種情況，他們又會變回有禮貌的乖寶寶。

首先是禮讓拿臨時駕照的學習駕駛（learner driver）。在英國，學開車的第一步就是申請臨時駕照，有了它，學員才能和教練一起上路。為了讓用路人知道這輛車的情況，教練車上會貼一個大大的「L」字母代表由「Learner」駕駛，如果開比較慢或不小心出槌，還請其他駕駛多多包涵。大部分英國駕駛看到這個斗大的「L」都會想起自己還是學習駕駛的青澀歲月，絕大多數都會很有耐心地禮讓對方，畢竟「失敗為成功之母」，沒有在學車時犯的錯誤，就不可能有後來成功的駕駛經驗嘛。

第二種情況是禮讓行人，尤其是老人、小孩和動物。禮讓老人或小孩相信不是英國獨有，但禮讓動物就非常有英國特色了，尤其在鄉間，讓路給牛、羊、馬根本就是司空見慣的事。如果不減速慢下來禮讓這些體積大的動物，牠們很可能會因為車輛高速行駛而過飽受驚嚇，導致猛爆式衝撞，不但可能破壞車輛，還有可能造成駕駛或乘客喪命，與其說英國駕駛是基於禮貌禮讓動物，還不如說大部分的時候是為了保命。

說到讓路給動物，就要提一下曾在我上班途中發生的小故事。早上八點左右通常是英國的尖峰時段，大部分人都趕著上班上學，如果沒有特別原因，駕駛會盡全力保持交通暢通，不會有人悠哉慢慢開車。某天早上上班時，我注意到前面的車全部漸漸慢了下來，最後甚至直接停下，正感疑惑，發現原來是前方有一排鴨子正在過馬路，而且真的就像兒歌裡唱的，是「母鴨帶小鴨」那種陣仗，由一隻體型大些的鴨子領頭，後面跟著幾隻小鴨子，模樣十分可愛，讓人感受到英國駕駛人滿滿的愛心。

第三種情況是禮讓其他駕駛。英國有非常多小路，經常出現會車時需要讓其中一方先走，或是直行車停下來讓待轉車先過的情形。這種時候該怎麼讓對方駕駛知道你要讓他先過呢？如果天色是亮的，能夠明顯看到對方駕駛的表情，大家會用面部表情配合手上比個「請」的動作示意，如此一來，對方知道可以先走，便會以微微抬起手掌的方式回謝；如果天色已暗，或是其他原因無法看到對方的臉，一般人會利用閃車頭燈的方式溝通，短閃兩下就是要讓對方先走，想致謝的那方則會短閃一下。在英國的道路上時常出現這種短閃來短閃去的「汽車語言」，其實說的都是「請」和「謝謝」，是不是很可愛又溫馨呢？

平時文質彬彬、習慣排隊的英國人開起車來竟然會像變了個人似的大罵髒話，甚至大比中指，如果有機會到英國，真的可以好好觀察英國人這種有趣的雙重人格哦！

參不透的英式時尚

還沒來英國以前，我對英國的時尚工業非常嚮往。倫敦不但是國際四大時裝周的重鎮之一，英國還出了 Vivienne Westwood 和 Alexander McQueen 這兩位我最敬仰的服裝設計師，他們的實驗性和別出心裁的大膽創意開創了時尚界的先河，直到今天都深深影響著全世界的時尚圈。

但是，真正到了英國，我發現伸展臺上的時尚和臺灣人熟悉的經典風衣、蘇格蘭格紋、毛呢、龐克等「英倫風」，並沒有完整呈現英國民間的流行指標。真正的英國庶民時尚不但超乎外國人的想像，有些甚至怪異到讓人很難認同。

首先是仿晒後的橘色皮膚。

有別於東方人覺得白淨皮膚才是美的代表，大多數西方人認為，晒得深一點、宛如小麥色或橄欖色的膚色才是吸引力的象徵，擁有這種膚色不但代表經常從事戶外活動，身體比較健康，也意謂有錢有閒，負擔得起去海邊度假的開銷，是種隱含社會階級意識的審美觀。

然而，英國地處溫帶又常年陰雨，一年中大概有三百天都在下雨，不常看到太陽，再加上許多英國白人的體質天生很難「上色」，譬如我可憐的老公讀者先生。每次我們去南法度假回來，全家只有他一個人沒被晒黑，「晒紅↓脫皮↓變回原來膚色」就是他的宿命，永遠不會變黑的體質不知讓多少相信「一白遮三醜」的東方人羨慕得要命，對身為英國人的讀者先生來說，無法自然晒成健康膚色卻始終是他人生一大困擾。

正因如此，仿晒在英國非常有商機。在英國人的眼中，只要能掩蓋所謂的「英倫慘白」膚色，無論是自然晒還是仿晒，都是最時尚的代表。對晒不黑的英國人來說，只要花點錢去仿晒沙龍（tanning bar）躺一下，就能擁有象徵健康的深膚色，絕對是愛美人士心中打理外表時不能缺少的一環。

只不過英國流行的仿晒不是我們印象中的古銅色，而是一種介於喝太多酒臉變紅，和快要被晒傷時的橘紅色，在我眼中不但一點也不自然，還會聯想到前美國總統川普的橘色皮膚。

剛移民英國時，主管某天下班前很興奮地告訴我，他即將和聚少離多的家人去西班牙度假，為了這次籌備已久的假期，他事先預約了仿晒療程，先把自己常年躲在辦公室裡晒不到陽光的慘白膚色弄深後，再和家人一起出發，才不會在西班牙的沙灘上因為一身慘白膚色而顯得很糗。

果然，隔天該主管就以「橘色人」的姿態出現了。當時我還不太了解這種審美觀，非常震驚，見到他一臉滿足的開心模樣又不忍心潑他冷水，只好回家後和讀者先生分享這則奇聞異事。讀者先生才告訴我，這是一種在英國很流行的庶民文化。後來看到同事三不五時變成「橘色人」，我就知道他們大概是為了度假做準備，或是最近交了新的男、女朋友，想讓自己散發更性感動人的魅力。

仿晒服務的價格從一次十五英鎊到四十五英鎊不等，雖然也有店家提供月付的包套優惠價，但天天跑 tanning bar 不只花時間，如果人在國外度假時突然需要仿晒也不能使用，機動性不強，其實不是非常方便。

許多英國人會自己買仿晒噴霧在家噴好噴滿。我有個辣妹同事就是仿晒噴霧的愛好者，但有時她可能因為急著出門，噴霧的面積與施力的力道不太平均，皮膚上的橘色部分東一塊、西一塊，看起來就像長頸鹿，辣妹同事倒是不以為意，仍然覺得自己魅力四射。在英國辣妹的審美觀裡，大概寧願膚色不均，也比慘白沒有血色來得好。為何英國人的仿晒是橘色而不是古銅色呢？我覺得是因為他們實在太「白肉底」了，噴在亞洲人身上剛剛好能呈現古銅色效果的仿晒，一到英國人身上就成了川普般的橘色皮膚。

我們眼中極不自然的假晒效果與橘色皮膚，在英國卻被視為魅力的象徵，堪稱最與眾不同的英式審美觀無誤。

第二個是不合時宜的穿搭法則。

英國的氣候對於來自亞熱帶島國的臺灣人算是非常寒冷，全年平均溫度高溫在攝氏十四度、低溫六度，大部分時候我都穿長袖，就算穿短袖也一定會加件外套，冬天更是羽絨服不離身，英國雖然不是每年冬天都會下雪，個位數的氣溫加上溼冷的空氣仍像生活在冰箱裡。

神奇的是，許多英國年輕人似乎擁有銅牆鐵壁般的皮膚或天生自帶電暖器，常常看到一、兩度的氣溫中男大學生穿著短褲上街，彷彿只要不是零度以下就算溫暖好天氣。年輕女孩更不用說，周末晚上出門狂歡，不管外面多麼冰天雪地，一律袒胸露背，不是穿著短到不行的洋裝，就是性感的細肩帶上衣配短裙，宛如置身熱帶島嶼。

這種極度不合時宜的穿著在年輕人聚集的大學城最容易看到。記得我初抵英國看到這一幕景象，打心底由衷佩服這些姊妹們的體質，後來問了英國朋友才知道，這些年輕女生之所以這麼勇敢，其實是多半已經喝了非常大量的酒精飲料，身體發熱，所以感覺不到寒冷。

英國年輕女性在寒風中「愈冷愈開花」的現象，其他歐洲人同樣覺得不可思議。幾年前法國朋友來英國拜訪我們，晚上一起去附近的 pub 小酌，剛好那天是周五，外面正下著小雪，pub 門口照常出現幾位穿著清涼的年輕辣妹，身上的布料比一般人的睡衣還少，當場讓法國朋友看得目瞪口呆，立即拿出手機偷拍，因為這幅「天上飄著雪、地上有積雪、路邊有衣不蔽體的辣妹」的畫面，在法國絕對看不到，他認為一定要和法國的家人朋友分享，讓他們見識一下英國人的瘋狂。

這種現象最早源於幾個英格蘭北部的城市，其中又以位於東北部的 Newcastle 最著名。Newcastle 地處嚴寒，人們習慣了各種極端氣候，無論狂風暴雨或大風雪都是家常便飯，根本「a piece of cake」。大約一九九〇年代開始，當地漸漸發展出一股為了展示上酒吧時盛裝打扮的造型，無論男女都捨棄外套或大衣的風潮，不管天氣多寒冷、氣溫多低都不穿保暖衣物，尤其是女孩子們，時常在下著雪的冬天穿著輕薄短小、布料只夠蓋住屁股蛋的洋裝，典型的「愛美不怕流鼻水」！

此等怪異時尚現象的代表人物首推英國女歌手 Cheryl Cole，典型的「不怕冷的北方女孩」。她因為在零下四度的氣溫中只穿一件絲質無袖洋裝出席公開活動而登上英國各大媒體版面，堪稱英國名人中「穿著不看天氣臉色」的典範。隨著 Cheryl Cole 爆紅，此一風氣後來快速傳播到全英各地，成為英國冬天街頭的一大奇景。

最後是英國女孩的超高高跟鞋。

除了在寒冷的冬天穿著不合時宜的清涼服裝，英國女生也非常愛穿鞋跟超高的超級高跟鞋（super high

時尚雜誌中的英倫時尚和英國庶民文化流行的時尚不盡相同。

heels），貝嫂 Victoria Beckham 就是最經典的代表人物。個頭嬌小的她每次公開亮相都穿著恨天高，從來不曾見過她因為無法駕馭而跌倒，看來也是長期訓練的結果。

走進英國的鞋店，動輒可見高度超過八公分的高跟鞋，好看是很好看，但我穿上後根本無法走路，實在很難想像英國女生居然可以穿著它們出門一整天，有些人甚至還穿著跳舞！

愛穿鞋跟超高的高跟鞋或許和英國女人的平均身高在歐洲來說最矮有關（十八歲到二十九歲女性的平均身高僅一百六十三公分），是一種補償心理。既然無法擁有名模的身高，就用人工的方式讓自己看起來很高。根據統計，英國女性的高跟鞋平均高度是三．三寸（約八．四公分），堪稱歐洲第一名，遠遠超過法國的二．四寸與德國的二．七寸，是全歐洲高跟鞋平均高度最高的國家。

也有調查顯示，英國的高跟鞋高度存在著區域差異，譬如英格蘭東北地區的高跟鞋平均高度是三．四六寸（約八．八公分），榮登全英國之冠。是的，Newcastle 再次上榜！如果冬天時造訪 Newcastle，應該很容易看到穿得少少、足蹬近九公分高跟鞋的女子走在雪地上，這景象絕對有資格被列入世界奇觀！

然而，愛穿恨天高並不代表英國女人都像貝嫂一樣是駕馭高跟鞋的好手。根據另一項統計顯示，英國女人被評為歐洲最不會穿高跟鞋的族群，有四十三％的人有鞋跟被卡在排水孔的經驗、三十四％的人曾經穿著高跟鞋跌倒，還有二十九％的人曾在走樓梯時因為穿著高跟鞋而拐到，除此以外，更有六十五％的英國女性曾經因為穿高跟鞋而腳受傷。

如果穿高跟鞋這麼痛苦，為何英國女人還是對高跟鞋如此愛不釋手？除了平均身高較矮，調查也顯示，英國女人相信高跟鞋能帶來更多自信，包括在職場上更有話語權，「姊穿的不是高跟鞋，姊穿的是氣勢」可謂最貼切的形容。

英國人的時尚讓你覺得不解、滿頭黑人問號嗎？每種文化都有不同的審美標準，美本來就沒有標準定義。英國人或許也認為亞洲人追求皮膚要白到像水煮蛋才是荒謬到不行的想法呢！

無可救藥的迂迴說話術

剛移民英國時還沒建立自己的社交圈，讀者先生常帶我參加他的社交活動，比如一打就超過六小時、被我封為世界冗長運動冠軍的板球（cricket），或以各種名目為理由舉辦的派對。在那些場合中，我是全場唯一的外國人，除了必須用那時還不是非常流利的英文和大家聊天，還要費很大的努力聽懂種種「弦外之音」。沒辦法，英國人實在太擅長用迂迴的方式說話了，不了解英國文化的外國人往往感到無比困惑。

最常見的就是大家聊得正起勁，其中一方卻必須提早離開時，英國人總會很熱情地說「我們下次一定要再聚聚」。在臺灣，如果是初次見面的兩個人，通常會在這時拿出手機，互相留下彼此的電話號碼，在英國卻不是這麼回事。好幾次我都傻傻等著對方給我電話號碼或是主動問對方，卻得到「妳有用臉書或ＩＧ嗎？」的回答，意思就是我們可以在社群媒體上聯絡，電話就免了。只不過後來我也不曾在社群媒體上收到任何訊息，所謂的「我們下次一定要再聚聚」就這樣不了了之，沒有下文。

一開始我對這種情況真的很困惑，甚至忍不住想該不會是種族歧視吧！直到有天在廣播節目中聽到一位美國作家分享類似的困擾，才覺悟原來不是我的問題，而是英國人「迂迴說話術」的終極表現。

這位美國作家說，每次英國人在派對上熱情地對她說「我們下次一定要再聚聚」，她都會立刻拿出行事曆問對方哪天有空，換來的卻是無與倫比的尷尬與沉默，換言之對方其實根本沒有想要「再聚聚」，提議再約只是出於禮貌，而且這在英國人之間是約定俗成的文化，大家都很有默契地了解說出此話的人不是認真的，只有外國人才會當真。

後來我進入英國一間老字號的整合行銷公司工作，在「玩文字遊戲」的行銷產業一待六年多，目前為止仍然是公司裡唯一的外國人。每天和英國人一起工作的長期訓練，終於讓我參透了應該如何正確解讀「英式迂迴說話術」背後真正的意涵。

到底英國人嘴上說的和他們心裡真正想的有什麼出入呢？

以下整理成圖表以便分析，並加入「外國人通常會如何理解英國人的客氣話」，方便大家對比同一句話的三種意義。

下頁圖表中這二十二句都算是英國人「口是心非」的常見例子。

博大精深的迂迴說話術當然不只這幾句，若想洞悉英國人這種不直接說出心裡想法，有時甚至說反話的思考模式，建議掌握以下三原則：

一、一切都是為了禮貌

英國人以斯文有禮聞名於世，尤其是受過良好教育的英國人（譬如《BJ單身日記》裡的達西先生），為了不辜負此一美名，如果讓他們在「說實話」和「維持禮貌」間二選一，大部分人都會選擇後者。對他們來說，為了說出心中真實的想法而失去有禮貌的形象，絕對是社交上最大的失敗。這養成了英國人說話迂迴的習性，也幾乎成了他們的第二天性。

只要掌握此一基本原則，下次和英國人聊天時，如果發現他們特別有禮貌，大概就是正在掩飾自己的心口不一。譬如他們明明認為你在胡說八道，但用一句「Very interesting」回應，不但能讓聽者覺得很正面，也不會透露自己心中真實的想法；若用「With the greatest respect」開頭，其實正是他們壓根聽不下去你說的，但先強調自己尊重你，把面子做足了，接下來不管說什麼都比較不失禮。

	英國人這麼想	外國人這麼理解
	這是什麼謬論	對方覺得很有趣
	我不只不同意你說的，而且我不想再討論這個話題	對方同意我說的
	你真的有夠白痴！	對方有認真聽我說
	那真是太棒了	對方覺得還可以
	這是個白目的提議	對方覺得我很有勇氣
	我其實有點失望	對方覺得還可以
	你最好照我說的去做	對方要給我建議讓我想一下
	我即將要說出整場對話的重點了，請注意聽	對方突然想到一件不太重要的小事
	你惹毛我了	對方覺得有點小失望
	在我說這句話的同時，我已經忘了你說過什麼	對方會記得我說的
	這當然是你的錯	對方覺得這是他的錯， 但我不懂為何他要這樣說
	我喜歡你，你和我是同一掛的	對方覺得我還可以
	這方面我是權威	對方對這方面略有涉獵
	請不要當真，我只是在說客套話	對方不久後會邀請我去他家
	我完全不同意你說的	對方想的和我差不多
	這個提案請你整個重寫	對方覺得只需要稍微修改
	你提的方案我一個也不喜歡	對方還在考慮
	外面在下傾盆大雨	外面正下著毛毛雨
	你死定了	對方要我不要太在意
	但這絕對不是我的觀點	對方採納我的觀點
	即使我家失火，我都不會加入你們	對方晚點可能會來
	我最近過得超棒的	對方最近過得還可以

英國人這麼說
Very interesting（很有趣）
I hear what you say（我聽到你說的了）
With the greatest respect...（我完全尊重你，但是……）
That's not bad（那還不錯）
That's a very brave proposal（那是個很勇敢的提議）
Quite good（還可以）
I would suggest...（我建議）
Oh, by the way（對了，順帶一提）
I was a bit disappointed that...（我有一點失望，因為……）
I'll bear it in mind（我會記得的）
I'm sure it's my fault（我確定這是我的錯）
You're alright（你還不錯）
I'm alright at...（在這方面我還可以）
You must come for dinner（你一定要來我們家吃晚餐）
I almost agree（我幾乎同意你說的）
I only have a few minor comments（我只有一些小小的評語）
Could we consider some other options?（我們可以考慮其他的方案嗎？）
Bit wet out there（外面有點溼）
Honestly, it doesn't matter（說真的，這真的沒關係）
That's certainly one way of looking at it（這絕對是一種觀點）
I might join you later（我等下可能會加入你們）
Not too bad（我過得還不錯）

二、贅字愈多愈不妙

一般來說，英國人如果兜圈子講話，或開始用很迂迴的方式說話，而不是直接告訴你他的想法，就表示他正在努力包裝詞句，不讓負面答案直接脫口而出。

所以呢，說「I'm sure it's my fault」的人絕對不認為是他的錯，否則說「It's my fault」就好；說「I almost agree」的人其實一點也不同意你說的，否則他就不會加「almost」了；說「I only have a few minor comments」的人，他的 comments 則是一點也不 minor（小），反而是他認為非常大的問題；最後，會特別強調「Honestly, it doesn't matter」的人，其實心裡早就氣炸了，這句話只是突顯他的好修養。

三、愈低調愈正面

個性保守、不輕易外露情感的英國人要是覺得某個人或某件事很棒時，很常使用非常簡單的形容詞淡淡帶過，譬如「alright」和「not bad」。

問候英國人的近況，他們通常不會直接說「好」，那太直接了，也可能讓別人覺得他們「自我感覺良好」。為了避免過於自滿的嫌疑，英國人多半會說「I'm not too bad」（我過得不算太壞）。

如果聽到英國人說「I'm alright at...」（我在某方面還勉強可以），那你大可直接解讀成「他是這方面的專家」，因為要讓英國人說出自己擅長某件事，簡直是比叫他們和心愛的人告白還難為情。

如果哪天你被英國人稱讚為「alright」（還可以），就表示他們打從心底喜歡你、認同你，覺得你很棒，但是他們不會刻意把你誇成一朵花，因為那樣太做作、「太沒class了」。怎麼樣，如此低調、謙虛的英國人，是不是很可愛呢？

英式迂迴說話術高深莫測，雖然時常讓不熟悉的人一頭霧水，不懂為何字面上的意思和真正的意思無法畫上等號，偶爾也招致外國人的批評，說英國人的迂迴是虛偽的表現，但如果深入了解英國人就知道，他們的習性之所以如此奇特，其實都出自害羞、保守、愛面子、重禮貌的個性。一旦理解了英國人這個小怪癖，或許就能以同理心看待這種獨特的現象，畢竟迂迴些、圓融點，總比說話太直接傷了別人的自尊，或讓人下不了臺來得好，不是嗎？

而如此迂迴，通常只會發生在和對方還不是很熟的情況下，因為英國人是非常保守的民族，不習慣輕易在未深交的人面前坦然說出心中的真實想法。然而，一旦他們把你當成值得交心的朋友，或認定你是他生命中重要的人，不但會給你最真誠的忠告，更會直接用行動證明對你的關懷，不只是嘴上說說而已，完全是名副其實的「Actions speak louder than words」，把古道熱腸包裝在冷漠的外表下。

我移民英國第一年曾經跟隨讀者先生被派駐在法國諾曼地一段時間，卻在那時被診斷出一種必須要馬上開刀的疾病。讀者先生每天都要工作，無法一直陪我住院或照顧我，加上法國醫院裡會說英文的醫生非常少，他擔心我一個人去醫院會有語言障礙，正煩惱不知該如何是好時，我的小叔自告奮勇，願意立刻從英國開車到諾曼地來把我一路送回英國，讓我在英國的醫院接受治療。

那時我才嫁到讀者家半年多，和小叔的交情只能算一般，他卻願意開這趟來回十六個小時的車把我接回英國，讓人非常感動。這件事讓剛移民英國不久的我直接感受到英國親戚的關懷，也讓我對表面上總是愛開玩笑的小叔有了新的認識與解讀。

長子小龍包剛出生時，公婆年事已高，無法過來幫忙我們這對新手父母，加上讀者先生的帶薪育嬰假只有兩星期，第一次當媽的我只能自己一個人在家手忙腳亂地面對嫩嬰。讀者先生剛放完育嬰假、回去上班的第一天，鄰居大姐突然來敲門，送來專程為我準備的午餐，還幫我打掃了房子、收拾衣物。充滿愛心的英國大姐雖然平時和我們家不是特別親近，但她兒子和我年紀差不多，也和我一樣隻身在異國工作，英國大姐將心比心，知道我孤身在外一定非常需要幫助，貼心地告訴我這幾天只要專心照顧小龍包就好，她每天都會過來幫忙煮飯、洗衣。我永遠都記得當時的震撼，這輩子除了我媽會對我這麼好，從來不曾有任何鄰居將我當成女兒般對待。

第三件讓我覺得英國人真的好有義氣的事發生在懷小龍女時。當醫生發現我有胎盤剝離的跡象，告知我一定要避免出差旅行時，我的英國老闆立馬幫我和人資部門申請了五個星期的帶薪病假，讓我在家躺好躺滿，安心養胎，直到檢查顯示「胎盤危機」已經過去，他才放心讓我回去上班。我到現在都還記得，告訴老闆這件事時，他的第一個反應是向我道歉，覺得自己沒有好好照顧我，如果我和小龍女出了任何差錯，他這輩子都無法原諒自己。

好不容易熬過「胎盤危機」，又遇到二〇二〇年三月初新冠疫情在英國突然擴大蔓延，懷孕八個月的我非常擔心天天進辦公室會被感染，結果外表酷酷、內心纖細的老闆不知從哪裡觀察出我的擔憂，在我還來不及開口的情況下，直接和HR溝通，讓我在英國政府下令封城前，搶先成為全公司第一個居家上班的員工。

我身邊的這些英國人，無論是家人、鄰居或同事，儘管平時不常對人噓寒問暖（這真的不是英國人的風格），但當我需要幫助時，他們總是第一個跳出來，給我最直接的協助。和錦上添花相比，英國人比較屬於喜歡雪中送炭的民族，在朋友有難時，他們慷慨伸出援手的程度，讓我這十幾年間感受到許多溫暖，也讓離鄉背井多年的我感受到被這個新的社會接納。

在我眼中，外表冷漠、說話拐彎抹角的英國人，其實是會為家人和朋友兩肋插刀、赴湯蹈火的珍寶。這也是為何我在理解了英國人這麼多小怪癖後，還是非常喜歡這個國家。套句英國人最常說的「It's the people that make the place」，是人讓一個地方變得特別。

如何參透英式幽默？

當年剛和讀者先生交往時，英文還不是很溜，有時候開口講話前要先在腦海中想一下該怎麼組織句子文法才正確，話講了一半就突然停住，讓他乾等半天。那時讀者先生不但沒有催我，反而還做出一派悠閒的樣子說：「妳慢慢想，只要能讓我趕上下星期一的火車就行！」或「妳慢慢想，我聖誕節以前都有空！」讓人每次聽到都笑得花枝亂顫，心想怎麼有人這樣說話，所謂「英式幽默」果然名不虛傳，就算是抱怨對方動作慢，仍不忘加入幽默的元素，不但讓人無法生氣，還會不好意思起來。

後來嫁給讀者先生並定居英國後，我發現英式幽默根本就是英國人的全民運動，不但是英國最重要的文化之一，地位更和 pub、啤酒、炸魚薯條，以及足球相同，是英國人愛到骨子裡、外國人卻不一定能了解的文化現象。如果說英式幽默刻在英國人的

DNA裡可是一點也不誇張，世界上最有名的喜劇演員卓別林就是來自英國似乎也證實了此點。

英國人是如此在乎幽默，每個人都把「會搞笑」（being funny）當作一生職志，對他們來說，沒有什麼人格特質比「風趣」更吸引人。風趣的人不但智商不會太低，還被視為有魅力的象徵，英國人不只欣賞幽默的人，也期望自己能被別人視為幽默之王。

此外，每個英國人都希望感覺自己是聰明的（feel clever），除了幽默風趣，「機智」（wit）被視為最難能可貴、無與倫比的人格特質。英國人的幽默通常不是直截了當的美式幽默，得拐一下彎、思考一下，否則如何能顯示出既聰明又幽默呢？

如果想全面了解英國人，絕對要懂得他們的幽默。無奈有時候對外國人來說，英式幽默就像圈內人才懂的 inside joke，很大程度上和英文能力以及對英國歷史與文化的了解有關，不熟悉的人時常聽不懂其中的梗。

如何從英式幽默門外漢變成一聽就秒懂的內行人呢？或許可以從認識英式幽默的種類開始。

第一類、超現實的荒謬情境

英國經典喜劇丑角豆豆先生（Mr Bean）是廣為眾人所知的英式幽默代表人物，而他其實就是英式幽默的「入門款」。觀眾不需要透過語言，光看他逗趣的臉部表情、誇張的肢體動作，以及由於「笨」所造成的不可思議之種種倒楣就能笑到缺氧。比如電影裡的豆豆先生對著世界名畫打了噴嚏，想擦掉油畫上開始融化的顏料，卻愈弄愈糟，最後毀了整幅畫，由於現實生活中不太可能有這麼蠢的人，觀眾看了雖然覺得扯，還是會忍不住哈哈大笑，而這類超現實荒謬情境就是英式喜劇裡最常出現的基本元素。

第二類、無止境挖苦自己

或許和英國人天生謙虛低調的個性有關，他們非常喜歡以取笑自己為樂，尤其是和不熟的人會面時，如果一開始不知道要說什麼，通常都會以挖苦自己做為暖場的開場白，最經典的就是「我廚藝超爛，甚至連燒開水都會煮到燒焦」（I'm so bad at cooking that I even burn water）。我剛進公司和大家自我介紹時，提到自己會說中文和英文兩種語言，沒想到一位英國男同事也說自己是雙語人才，因為他會說「English and rubbish」（垃圾，意指沒有意義的廢話），當場讓眾人笑翻。

就算是說自己的優點，英國人也絕對會夾雜著自嘲，他們不喜歡讓別人有「自我感覺良好」的印象，所以「老王賣瓜，自賣自誇」在英國幾乎看不到。譬如英國人形容自己的國家時，會說英國是個很好的地方，前提是你不在意壞天氣和不好吃的食物；同事K小姐每次被別人稱讚今天打扮得很好看，天性低調又有點害羞的她由於不擅長接受讚美，總是這樣回覆：「真的嗎？這套是我在平價服飾 Primark 打折時買的，只要五英鎊！」要是你稱讚對方的另一半很美或很帥，一聽到讚美就尷尬癌發作的他們還會故意驚訝地說：「你是不是今天忘了戴眼鏡就出門？」總之，英國人就是無法好好地、自然地接受別人的稱讚，一定要用耍小幽默的方式讓自己內心竊喜的小宇宙平靜下來。

另一種自嘲則是相當有智慧的處世哲學，也就是事情發展得非常糟糕時，與其哭泣，英國人更常用嘲笑自身處境來化解心中的鬱悶，只不過這種幽默很少人覺得好笑，大多是更加同情當事人。幾年前我同事的車被偷，大家安慰她都來不及，她卻自嘲說終於可以換新車，早就厭倦舊車了。

嘲笑自己是最容易上手的英式幽默，而且不管是和熟人或剛認識的人都能使用，如果有機會和英國人聊天時可以試試看，相信絕對能快速拉近你們之間的距離。但也要注意千萬別過度使用，會給人缺乏自信的觀感。

第三類、著重語氣和表情的反諷

說反話（verbal irony）和情境諷刺（situational irony）是英式幽默的主流，但說反話一定要搭配到位的語氣和表情才能營造出笑點，而所謂的「到位」其實很難定義，要看當時的情形而定，不熟悉英國文化的外國人因此時常搞不清楚對方到底是說真的還是在開玩笑。

譬如外面正下大雨，英國人看了看窗外後會冷冷丟下一句：「今天天氣可真好！」配合重音落在「好」這個字，加上翻兩下白眼的表情，你就能百分之百肯定對方是在說反話了。

另一個經典反諷是說男性得到「man flu」，指的是一種其實可能沒多嚴重、但被病人本人形容得超級嚴重的感冒。之所以是「男人的感冒」，正是諷刺許多英國大男人平常總以強悍形象示人，一旦感冒卻馬上變成柔弱的病貓，不像女人感冒了還能硬撐著照顧小孩、做家事，絲毫不受影響。「man flu」在英國是人人皆知的專有名詞，不但英國女人常常拿來揶揄男人，英國男人也非常愛用它自嘲，讀者先生就是其中之一。

情境諷刺有時不是用語言表示，而是指某個情境的發生剛好和人們的期待完全相反，譬如消防局失火、警察局被小偷入侵、婚姻專家離婚等，或是英國人最有共鳴的

——周一到周五的上班日天天風和日麗，一到周末就狂風暴雨。這些日常生活中的諷刺場景不但讓英國人容易產生「人生啊！你真愛和我開玩笑」的既視感，也成為一種典型的英式幽默。

第四類、人見人愛的機智

英國民間流傳以下這則英國首相邱吉爾的軼事：Lady Nancy Astor 和邱吉爾發生爭執後撂下一句：「如果你是我老公，我會在你的咖啡裡下毒！」邱吉爾立馬回答：「如果我是妳老公，我會喝下去！」雖然故事真偽眾說紛紜，但已成為這位歷史上最著名的英國首相最常被引用以說明他多麼機智的例子。

「機智」（witty）對英國人來說是最迷人、每個人夢寐以求的人格特質，能夠隨機應變，信手拈來一句幽默的玩笑話，不管是博君一笑或像邱吉爾那樣讓對方無言以對，都會贏得英國人的五顆星讚賞。

想將機智型英式幽默展現到極致時，臉上絕對要配合很嚴肅、很正經的 straight face，讓旁人覺得你不苟言笑、面無表情，才算捕捉到 dry humour——冷面笑匠的精髓。我的英國朋友懷孕時和男友一起去西班牙度假，check in 時工作人員和他們熱情寒暄，問她男友希望肚子裡的寶寶是男孩還是女孩，結果她那把幽默當水喝的英國男友竟然不帶任何表情地對工作人員說：「我希望孩子是我的！」當場嚇傻一票西班牙人，要嘛因為認真相信他說的而為我朋友感到尷尬所以不敢回話，要嘛不敢相信有人會拿這種事開玩笑，一時間腦子反應不過來，欲言又止遲遲開不了口。反倒是我朋友笑到快斷氣，誰叫他們就是只要醒著就忍不住想展現幽默的英國人！

第五類、愈愛你愈要糗你的逗弄（banter）

剛嫁到英國時，讀者先生就和我解釋過「banter」這個很難用中文解釋的單字。如果一定要翻成中文，「banter」最接近的意思是「逗弄」，但其實是指一種親近的人之間互相虧來虧去的行為。

讀者先生說，英國人對不熟的人都很客氣，對死黨或麻吉卻不是如此，而是無所不用其極地糗他們的朋友、家人，對方通常也會反擊，雙方你來我往攻勢猛烈，非常熱鬧。「banter」的重點在於，沒有人會對內容當真或玻璃心碎一地，大家都知道這是感情深厚的人之間才有的情誼表現，如果沒有被 banter，你才要擔心自己是否人緣不佳！

果然，不久後我參加一位女警朋友的退休派對，親眼見識到她的同事如何 banter

她。派對會場掛滿了她開警車出車禍把車撞爛的照片，大家狂虧她的駕駛技術不好，還誇張地為警局以後即將少了許多筆修車費歡呼，完全和我對於退休派對應走溫暖路線的期待不同。

成了公司裡唯一的外國人後，當我發現自己被同事 banter 時不禁暗自竊喜，這不但表示我人緣不錯，更是我完全融入英國社會的證據。有位英國同事知道我可以接受 banter 而不會玻璃心碎時，驚嘆地說他認為我是外表黃種人、內在白種人的「香蕉」。

當然，banter 並非沒有限度，如果真的太過分還是會引起對方的不滿，請務必斟酌使用，避免弄巧成拙。舉例來說，假設你是英超足球隊曼聯的支持者，發現朋友支持的足球隊和自己不同時，你可以誇張地說：「哦！既然你不支持曼聯，我大概不能和你繼續做朋友了。」這樣大家就知道你只是在 banter；但如果你說：「不支持曼聯的人都是白痴！」這樣就太過火，畢竟已經直接針對對方做出了人身攻擊。

第六類、迂迴的文字遊戲

英國是大文豪的集散地，英國人當然對他們的文學素養非常自豪，在發揮英式幽默時免不了會玩一下文字遊戲，尤其是那種一語雙關的幽默，譬如 sausage 明指香腸暗指男性的「弟弟」，pussy 明指小貓咪暗指女生的「妹妹」。通常需要如此迂迴的表達方式大概都和性有點關係，未滿十八歲千萬不要亂用，如果剛好聽到，知道別人在說什麼就好囉。

第七類、可能變成冷笑話的諧音（puns）

俗話說「天才與白痴往往只有一線之隔」，利用諧音搞笑的「puns」和冷笑話也是這種關係。如果是很牽強、類似低階腦筋急轉彎的 puns，往往一說出口就會被人唾棄，只有真正絕妙的 puns 才會讓英國人豎起大拇指而不是大翻白眼。

偏偏好的 puns 不太多，我個人認為很精妙的一例是用「the fresh heir」（諧音 the fresh air）來指像威廉王子和凱特王妃這種新一代的王室成員。不幸的是，用得俗氣的例子比比皆是，路上隨便看到的一堆招牌都是，譬如名為「Top Chef」（諧音 Topshop）的速食店，或以經典名片《教父》為靈感的炸魚薯條店「The Cod Father」。

分析完這七大類英式幽默後，大家是否稍微了解英國人講笑話的方式和邏輯了呢？以後看英劇或英國電影時，或許就比較容易理解笑點在哪裡了。

最後想給大家的忠告是，面對英國人的玩笑請不要太當回事，他們真的只想說笑話而已，不是針對任何人，誰叫他們花了大半輩子培養這種幽默風趣，不常常發揮一下豈不是太浪費了！

英國人迷信這些事

幾年前我們剛搬到新家時，廚房的門正對著家裡的大門，我雖不迷信，卻聽過廚房代表財庫，最好不要正對著門否則會漏財的說法，特別要求讀者先生至少放個門簾擋一下。儘管他很難理解這種臺灣迷信，卻覺得這樣做有個好處——不會一開門就看到廚房裡的鍋碗瓢盆。即使英國沒有風水之說，我們家還是好好保護了「財庫」，而且似乎真的奏效，搬進新家沒多久，讀者先生得到一個不錯的新工作，我的事業也蒸蒸日上，看來「財庫」顧好真的有用！

雖然對風水沒有要求，但千萬不要以為英國人不迷信，相反地，他們不但有許多可愛又有趣的迷信，有些甚至完全沒有邏輯可言，令人感到很荒謬。以下分為「製造好運」與「避免厄運」兩大類為大家簡單介紹。

好運類　每月一號大喊三次「白兔」

這可不是隨便喊喊，內容和時間點的規定都非常嚴格。英國人相信，只要每個月第一天早上起床時先大喊三次「白兔」（white rabbit），就會為自己帶來一整個月的好運。

第一次從英國同事口中聽到這個迷信時，我以為他知道我是兔子控所以唬弄我，上網一查發現真有此事，不禁覺得英國人的怪異指數又提高了一層。這個非常隨興、沒有邏輯、也不知道為何和白兔有關的迷信，典故已不可考，卻就這樣流傳了好幾個世代，成為英國最經典的迷信之一。

好運類　看見兩隻喜鵲

英國的迷信好像都和動物與數字有關，除了月初大喊三次「白兔」，他們也相信同時看到兩隻喜鵲（magpie）會帶來好運。請注意，一定要是兩隻才行。根據英國流行的口頭禪「One for sorrow, two for joy」，如果只看到一隻喜鵲不但不會有好運，還會發生令人哀傷的事，因為喜鵲在英國文化裡常與死亡連結。奇妙的是，如果同時看到兩隻喜鵲卻被認為即將發生好事，也算是一種「負負得正」？

好運類

被鳥屎擊中

這個迷信雖然不是英國獨有，卻充分體現了英國人喜歡從不幸中找到正面意義的樂觀個性。有名的英文片語「Blessing in disguise」指的就是當下的厄運可能是由幸運之神偽裝的，要大家盡量想開一點，衰事發生時雖然看似倒楣，後來卻會發現其實是因禍得福。如此正面的人生態度真的很可愛。

好運類

看見黑貓

此一迷信在西方國家來說算是爭議最高的一個，尤其大部分歐洲人都覺得看到黑貓是厄運的象徵。讀者先生住在法國時，當地朋友如果看到路上有黑貓，不管多不方便都堅持繞道而行。

但在英國，如果黑貓衝著你走過來，表示牠將帶著好運而來，是非常受英國人歡迎的動物，就像烏鴉在日本被視為吉祥動物，和許多國家剛好相反一樣。我有位自認是貓奴的英國鄰居就堅持只養黑貓，一養幾十年不說，老的黑貓過世後，再領養的新貓也一定是黑貓，原因就是深信黑貓能帶來好運。

好運類　四片葉子的幸運草

發現四葉幸運草在英國和許多西方國家都被認為是幸運的事，理由和被鳥屎擊中的道理一樣，發生率實在太低了。據說看到三葉草和看到四葉草的比例為一萬比一，感覺就像中了小樂透一樣幸運，當然是好運的象徵！

好運類　門口掛馬蹄鐵

馬蹄鐵在西方世界是幸運的符號，許多人迷信在家門口掛個開口向上的馬蹄鐵就能為全家人帶來好運。這個迷信來自西元十世紀的愛爾蘭，相傳當時有位名叫 Saint Dunstan 的鐵匠幫助惡魔移除了滾燙的馬蹄鐵，惡魔答應他，只要是門口掛有馬蹄鐵的房子就不會進去，自此以後，開口向上的馬蹄鐵在西洋文化中成了避邪的符號。我許多英國鄰居都非常迷信這件事，除了大門口會掛馬蹄鐵，也堅持開口一定要向上，甚至連掛的角度都很講究。

好運類　在新生兒手中放硬幣

小龍包剛出生時，一位鄰居奶奶在他雙手裡各放了一英鎊硬幣，還按住小龍包握著硬幣的拳頭不讓它們掉出來，當時我想，難道不擔心嫩嬰把硬幣塞進嘴裡嗎？也太危險了吧！後來才知道這是英國的傳統迷信之一，老一輩英國人相信如果讓新生兒牢牢地抓住硬幣，將來長大後會養成儲蓄的美德，變成有錢人，感覺和我們臺灣人抓周的概念有點像。當然，為了安全起見，嬰兒抓到硬幣後，父母就會迅速把硬幣收起來，以避免什麼都往嘴裡塞的嫩嬰誤吞。

厄運類　摸木頭

動不動就「touch wood」是我剛到英國時印象最深刻的一件事，誰叫這動作的出現頻率實在太高。譬如問英國人有沒有出過車禍，他們會在回答「沒有」之後迅速補上一句「touch wood」，然後快速掃視周圍有沒有木頭製品，有就用手敲一下木頭，沒有就會非常焦慮。英國人相信，如果沒有敲一下木頭，剛剛談話中那件目前還沒發生過的壞事很快就會發生。

這個非常詭異的迷信可說是完全沒有邏輯可言，其由來則和英國人相信樹神有關，藉由敲一下樹木來提醒裡面的神明保佑自己，久而久之慢慢演變成敲任何木製品都可以，一般最容易看到的木製家具就是桌子，所以英國人常常有講話講到一半敲桌子的習慣。

雖然十幾年前剛到英國的我覺得這個迷信很荒謬，但在英國住了這麼久，我竟然被同化了，每次說了一件目前還沒發生過、未來也不希望發生的事時，一定也會馬上說「touch wood」並迅速敲一下桌子，如果找不到桌子就會有點擔心，稍後如果看到木製品就會再補敲一下，難怪我常被英國朋友笑說是披著東方皮膚的英國人！

厄運類　從梯子下通過

這個迷信和「touch wood」一樣是非常英式的迷信，我看過好多英國人真的都會避開梯子，不願意從梯子下面通過。因為中世紀的人們覺得梯子斜倚在牆壁上象徵絞刑，若從梯子下走過，以後也會走上被處以絞刑的命運，即使英國今日早就沒有絞刑了，人們還是會避開梯子，避免死於非命。

厄運類　將新鞋放在桌上

我在倫敦萊斯特廣場看的第一場現場演出是一部名為《Blood Brothers》的音樂劇，劇情就是建立在這個迷信上。主角是一對親兄弟，他們的媽媽在他們剛出生時不小心把新鞋放在桌上，導致這對兄弟的人生最後以自相殘殺收場。當時我非常震撼，雖然知道這只是個迷信，後來還是會特別留意新買的鞋不放在桌上。

查了典故才發現，這個迷信其實來自英格蘭北部煤礦工業區的當地傳統習俗，一旦有礦工因為工作意外喪生，家人會將他們生前穿的鞋子放在桌上以示敬意，久而久之，漸漸演變為不將新鞋放在桌上以避免厄運的迷信。舊鞋雖不在此限，但話說回來，誰會將髒兮兮的舊鞋放在桌上呢？

厄運類　打破鏡子會倒楣七年

相傳在羅馬帝國統治英格蘭的時期，人們相信鏡子是人接觸到自己靈魂的入口，如果打破鏡子就會破壞自己的靈魂，而且需要花七年的時間才能完全修復好，演變至今就變成打破鏡子會倒楣七年了。看來靈魂受傷比肉體受傷更嚴重，似乎滿有道理的。

厄運類　在室內打開雨傘

初次聽聞英國這個迷信時我覺得好親切，小時候家中長輩也常常告誡我不要在室內打開雨傘，不然會長不高。由於這迷信早已深深烙印在我心裡，發現英國人竟然也「吃這套」，真是打心底認同！

但是英國人迷信的原因和長高沒關係，而是在維多利亞時期，由於雨傘一般是由鋼鐵製成，如果在空間狹小的室內打開雨傘，可能會不小心被戳到而受傷，或是被鐵架刺到眼睛的風險，因此後來漸漸發展成為一種能避開厄運的迷信。

厄運類 數字十三

根據《聖經》記載，在最後的晚餐中背叛耶穌的猶大是第十三位客人，而且耶穌被釘上十字架的日子剛好是十三號星期五，從此奠定了「十三」這個數字在西方社會裡最不祥的地位。

而英國人對於十三的迷信程度，堪稱臺灣人對數字四的迷信，譬如搭乘英國航空的班機時，絕對找不到第十三排，為的就是避開不吉祥的數字，不然第十三排一定整排全空，沒人願意劃位。

以上這些英國迷信有些很有趣，有些相當無厘頭，無論是哪一種，其實都反映了英國某一段歷史，不用過度相信也不需要嗤之以鼻。然而，涉獵這些文化的確能對英國人的思維與行為有更進一步了解，下次剛好遇到非常迷信的英國人也能更加寬容。

關於聖誕節

臺灣有春節、端午、中秋三大節慶，英國也有復活節、萬聖節、聖誕節這三個重要節日，尤其聖誕節在英國人心中的地位好比臺灣的春節，不但是全家人團聚的時刻，還有各種有趣的習俗。

以下介紹十二個英國人習以為常、外國人卻看不懂的聖誕節傳統與其背後淵源。

一、聖誕樹的啟用時機

雖然法律沒有明文規定，但大部分英國人都默認聖誕節的所有準備一律從十二月一日正式起跑。把聖誕樹立起來、布置房子外面的聖誕燈飾、商家展開折扣大戰、人們著手採買禮物等，最好不要在這個日期以前做，否則可能被英國人大驚小怪酸兩句：「幹嘛這麼猴急？太閒了沒事做嗎？」

我想這樣的約定俗成應該和過節的焦慮感有關，畢竟在英國過聖誕節是大事，準備起來就像臺灣人辦年貨一樣勞民傷財，如果還沒十二月，最好不要提醒英國人這件讓他們倍感壓力的事。

二、「真的」聖誕樹

大部分的臺灣人應該從未想過買一棵「真的」聖誕樹，畢竟臺灣位於亞熱帶，先天上不可能長出聖誕樹，但在英國，大部分英國人都覺得真正的樹比較能帶來聖誕氣氛，不只因為真樹會散發天然的松樹味或杉樹味，

一棵真正的聖誕樹對英國人來說是最能營造聖誕氣氛的擺飾。

讓家裡充滿樹味，全家一起去種樹的農場挑選一棵自己喜愛的聖誕樹帶回家，更是揭開聖誕季序幕的重要家庭活動。

尤其是富裕的英國中產階級家庭，每年過節一定會花個幾百英鎊買棵高達一百八十公分以上的高加索冷杉（Nordman Fir）放在客廳，聖誕樹終歸是堆放禮物的地方，不夠高、不夠大的話，除了不夠氣派，也藏不了多少禮物，「實用性」大大打折。花上萬元臺幣買一棵大概只能用一個月的樹聽起來不但很浪費，也被質疑每年用完即丟的真樹真的比塑膠樹更環保嗎？這些問題人人心中都有一把

英國同事身上的聖誕毛衣竟然有鈴鐺，只要移動就會叮噹作響。

尺，沒有標準答案，唯一可以肯定的是在大部分英國人眼中，完美的聖誕節慶氣氛絕對無價。

三、穿上醜醜的「聖誕毛衣」（Christmas jumper）

聖誕毛衣的圖案通常充滿了童趣，並以經典的麋鹿圖樣和聖誕布丁為大宗，絕對稱不上時尚。然而，穿醜毛衣的風潮近年在好萊塢明星加持之下，變成歐美聖誕節的must-do之一，不管是公司行號或學校機構經常跟風湊熱鬧，呼籲員工或學生在十二月某一天全體一起穿醜醜，參與者再每人捐款一英鎊，將錢獻給慈善機構，達到結合聯誼與公益的目的。

之所以選用「扮醜」的搞笑方式來做善事，完美呼應了英國人的兩大特性「幽默」和「低調」——他們就算要打扮，也不願讓人有自我感覺良好的印象，乾脆穿上醜醜的毛衣，用搞笑的方式幽自己一默。

由於聖誕毛衣近幾年實在太受歡迎，各大品牌紛紛推陳出新，設計各種創意十足的款式。幾年前某位英國同事就穿了件上有鈴鐺的聖誕毛衣，導致他一邊走路一邊叮噹作響，很有聖誕氣氛；另一位同事的聖誕毛衣更猛，上面有會發光的燈泡，讓他整個人就是一棵「行走的聖誕樹」，非常幽默。

四、「聖誕老爹」（Father Christmas）

受到美國文化席捲全球的影響，在全世界大部分國家都被稱作「聖誕老人」（Santa Claus）的聖誕老公公，其實在英國還有個「聖誕老爹」（Father Christmas）的綽號。

根據歷史考據，這和英國從十九世紀維多利亞時期，甚至更早就流傳下來的傳統有關。當時的聖誕節並不是「聖誕老人送禮物給小朋友」，而是由「聖誕老爹」帶來「祝福」、「盛宴」與「節慶」。二十世紀由於美國版的聖誕老人故事打中全世界無數小朋友的心，形象無比鮮明，英國的「聖誕老爹」也被視為同一個象徵。

五、讓人傾家蕩產的「聖誕大血拚」（Christmas shopping）

對英國人來說，聖誕大血拚絕對是一年中最重要的大事，沒有之一！認真程度除了和臺灣人辦年貨有得拚，血拚內容也不僅止於食物，而是給全家人的聖誕禮物。

我有好幾個英國朋友整個十二月的生活重心就是聖誕大血拚，除了周末上街人擠人進行大採購，平日也守在電腦網購。二〇二〇年英國由於疫情嚴重，大血拚戰場整個移到網上，英國各大廠商早在聖誕節前三個月就在網站上推出聖誕禮物，並呼籲大眾提前進行線上購物，千萬不要拖到太晚，畢竟依照疫情當時在英國擴散的程度，工廠可能會面臨人力不足的處境，生產線無法像以往那樣高效率。

由此可見，英國人似乎是把一整年的消費戰鬥力都集中在聖誕節，難怪每年一月都是英國經濟統計中內需消費最蕭條的，大家都在十二月時把錢花光了！

六、拆禮物的時間

不同國家對於聖誕禮物應該何時被拆開有不同的傳統，在英國，打開聖誕禮物的時間一定要是十二月二十五日的聖誕節當天早上，全家大小集合在一起拆禮物，非常嚴格。

對小朋友來說，聖誕禮物是聖誕老人前一晚從煙囪偷偷潛入家裡所留下來的，所以聖誕夜那天通常都會特別早上床睡覺，為的就是不打擾聖誕老人送禮物的行程。

另一方面，整個英國社會為了讓小朋友相信聖誕老人的存在，坊間不但流傳各種關於聖誕老人的故事（譬如聖誕老人搭乘由麋鹿所拉的雪橇從北極趕過來送禮，為了慰勞他們的辛苦，得在壁爐前準備點心，包括給聖誕老人的威士忌和甜派，以及給麋鹿的牛奶和胡蘿蔔），學校還會發起寫信給聖誕老人的活動，主要內容是禮物許願清單（最後當然是寄給家長），近年更有名為「Santa Tracker」的網站（www.noradsanta.org/），讓小朋友可以即時追蹤聖誕老人的聖誕夜動態。

七、公司聖誕派對

臺灣雇主用一年一度的尾牙慰勞員工整年的辛苦，聖誕派對則是英國老闆對員工表達感謝之情的時刻。雖然沒人規定公司的聖誕派對規模，一般來說私人企業的手筆要比公家單位大很多，畢竟英國的公家單位包括學校在內，基本上都是使用納稅人的錢在運作，太鋪張會有浪費的嫌疑。

私人公司沒有這方面顧忌，據說辦聖誕趴的開銷還能用來抵稅，砸錢辦一場好好寵愛員工的聖誕派對因此成了許多私人企業一年中最重要的活動，沒有之一！

以我們公司為例，幾乎每年上半年就一定會預訂好場地，畢竟好餐廳或飯店十二月幾乎天天爆滿，不提早訂位絕對只能撿別人挑剩的。一般基本的聖誕派對會提供一頓包括前菜、主食與甜點的聖誕大餐，我們公司則走浮誇路線，除了吃飯，還會包下整個酒吧讓員工無限暢飲，一路喝到午夜十二點吧檯收工再結算總額。聽說連續好幾年光是酒水部分的帳單就高達四千多英鎊，折合臺幣約十六萬元，對於一間三十多人的中小企業來說算是非常驚人的消費力。

不僅如此，我們公司秉持「送佛送到西」的態度，為了讓大家盡情暢飲，不用擔心喝多了還要煩惱怎麼回家，也一起包下了飯店房間，讓大家開完趴直接回房間睡，一人一間房免 share，直接把聖誕派對升級成兩天一夜、含晚餐和隔天早午餐的「聖誕豪華周末」！

當然，老闆這麼寵員工，目的是凝聚大家的向心力，希望每位員工在新的一年繼續為公司賣命。事實也證明老闆真的很有膽識，砸錢在聖誕派對上果然大大降低了人事流動率，包括我在內，大部分員工都有超過六年的資歷，最資深的同事甚至服務超過三十年！一擲千金的聖誕派對投資報酬率其實很高。

八、沒有肉的「絞肉派」（mince pie）

直到現在我對於絞肉派這樣東西還是很無言。

掛羊頭賣狗肉，餡料明明是各式水果乾卻叫「絞肉派」（mince 用在食物上通常指絞肉、碎肉，如 mince beef），讓人不禁想問肉到底在哪裡？最接近意思的中文翻譯應該是「百果餡派」比較恰當。

絞肉派在十一世紀剛出現時，餡料裡其實真的有肉，主要是羊肉、牛肉或豬肉，有時甚至是兔肉，其他原料還包括板油、果肉、香料等，目的是讓肉能長久保存，不易腐敗。至於為何剛出道時名副其實的絞肉派，隨著時間的遷移演變成使用純果肉為餡料的甜餡餅，英國人為什麼要改變配方，讓它從有肉變成沒肉，我查了很多史料都找不到任何解釋，只能猜測大概是英國人終於厭倦了用水果入味的「甜甜絞肉」，所以直接把它改良成「無肉版」。

而絞肉派之所以會和聖誕節掛鉤，主要原因是它的誕生和基督教有非常直接的淵源。相傳在中世紀第一個被做出來的絞肉派是橢圓形的，而不是現代版的圓形，為的就是象徵剛出生的嬰兒耶穌在襁褓中的樣子。發展到喬治亞時期，絞肉派正式成為聖誕節代表物之一，從此有著其他甜點無法撼動的「聖誕一哥」地位。

雖然絞肉派在英國幾乎是聖誕節甜點的代言人，但以臺灣人的口味來說，它真的一點也不好吃，除了內餡太甜，皮也太厚，卻是大部分英國人心中最愛的聖誕必吃點心。

在英國民間習俗中，十二月二十四日的聖誕夜要在壁爐前留一個絞肉派和一杯白蘭地，做為給前來送禮的聖誕老人的犒賞，同時還要準備一根給馴鹿的胡蘿蔔。我個人頗同情聖誕老人，千里迢迢而來，竟然只得到絞肉派這種難以下咽又沒有飽足感的食物，英國人呀，難道這就是你們的待客之道！

九、不一定是火雞的聖誕大餐

豐盛的聖誕大餐是英國人過聖誕的高潮，就像臺灣人吃年夜飯那樣，絕對是節慶中最重要的重頭戲。與美國人和其他歐洲人不同，英國聖誕大餐的主食不一定是火雞，烤牛肉、羊肉和火腿都很常見，如果是火雞就一定會配小紅莓果醬，因為他們覺得火

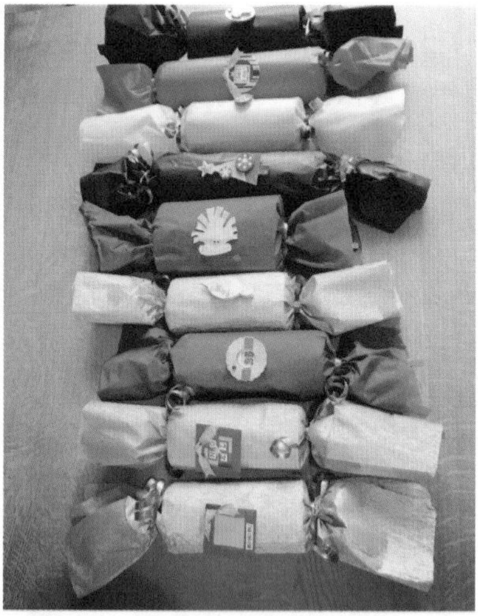

讀者家自製的聖誕拉炮，內有高品質的驚喜小禮物（雖然笑話依舊很冷）。

雞肉和酸酸的小紅莓超搭。

配菜通常是馬鈴薯、胡蘿蔔，以及英國獨有的 parsnip 和球芽甘藍。前者長得像蘿蔔但有種很特殊的味道，後者長得像很小的甘藍菜，口感略帶苦味。英國人永遠對這兩樣「英國限定」蔬菜十分驕傲，但 again，外國人不一定吃得慣。

十、聖誕拉炮（Christmas crackers）和聖誕皇冠

英國人 Tom Smith 一八四七年發明的聖誕拉炮如今儼然成為最經典的英國聖誕餐桌擺飾，而且絕對是英國限定，別的國家肯定買不到！

吃聖誕布丁之前必須淋上白蘭地再點火，為聖誕大餐營造一個戲劇化句點。

要打開聖誕拉炮需要兩個人各自從拉炮的兩端施力，拉炮被拉開時會發出「碰」一聲，還會有淡淡的火藥味，因為算是一種迷你鞭炮。把拉炮裡面的紙皇冠戴在頭上用餐，無疑是英國聖誕餐桌上最獨特的景象。最妙的是，英國人堅持那不是皇冠而是帽子——明明就是皇冠的形狀，而且誰的帽子是中空的啦！

除了「帽子」，拉炮裡還會附一則類似腦筋急轉彎的冷笑話，內容通常和聖誕節有關，但往往真的非常難笑，連英國人都公認拉炮裡附贈的笑話絕對是冷到極點。說也奇怪，每個人在這一天都會認真讀完笑話，然後比較誰的笑話比較冷，我想這大概也是一種另類的英式幽默吧！

十一、不是布丁的「聖誕布丁」（Christmas pudding）

傳統上英國人吃完聖誕大餐後，一定要吃熱量高達一千四百大卡的聖誕布丁，雖然它黑黑圓圓的外表一點也不像布丁，事實上也不是布丁，而是甜到不行的水果乾蛋糕。

吃聖誕布丁之前必須淋上白蘭地再點火，為聖誕大餐營造一個戲劇化句點。至於明明是蛋糕為何要叫布丁？那是因為在英國，「pudding」指的其實是飯後甜點，是「dessert」以外的另一種說法。

十二、聖誕擺飾何時撤？

相較於聖誕飾品的「公認啟用時機」，英國人對於聖誕飾品該何時撤下似乎有更嚴格的「公認規定」。原則上，很多英國人相信必須在一月六日前將所有的聖誕裝飾收起來，否則會帶來厄運。這個迷信來自宗教典故「The 12 Days of Christmas」，從聖誕節十二月二十五日起往後算十二天正好是一月六日，也是傳統上聖誕節慶結束的日子。

上述有點奇怪卻又有趣的英國聖誕習俗與風情讓你大開眼界嗎？有機會在十二月來趟英國，親眼印證並實地感受一下吧！

PART IV

大英子民所思所想

不是人人都愛溫莎一家

英國住了超過十年，時常有初次見面的外國人問我：「那妳有沒有見過女王？」雖然知道大部分問問題的人都是半開玩笑，或是初次見面為了打破尷尬，但每次聽到心中還是忍不住三條線。問住在英國的人是否見過女王就像問臺灣人「你見過周杰倫本人嗎」一樣無厘頭，何況又不是每個住在英國的人都是王室迷，就像不是人人都是周杰倫的粉絲啊！

這其實完美反映了全世界對英國人的刻板印象——大家都支持王室，而且非常關注溫莎一家人的動態。身為住在英國超過十年的「假英國人」，必須破除一下大家的誤解。

英國不是人人都對王室感興趣，也有許多人對王室非常冷感，讀者家就是代表。從我婆婆開始到讀者先生和小叔一家四口，幾乎每位「Reader」都對英國王室的動態興趣缺缺，覺得那只是「溫莎家」的事，我們只關心「讀者家」的事。

像這樣對英國王室冷感的英國人其實不在少數。還記得哈利王子和梅根接受美國脫口秀主持人歐普拉專訪的「世紀大爆料」訪談嗎？那場訪談在英、美造成轟動，引發許多後續效應，在英國ＩＴＶ電視臺播出時雖然吸引了超過一千兩百萬人收看，但以英國總人口數六千七百萬來看，只占了不到十八％。也就是說，大約八十二％英國人很有可能抱著「關我屁事」的心情看待這場鬧劇。

以讀者家來說，除了我因為答應臺灣雜誌社的邀約，必須針對訪談內容撰寫一篇新聞評論稿，當天乖乖坐在電視機前一字不漏地看完整場專訪，其他六位讀者家年滿十八歲的家族成員全部都可以算入沒有收看的八十二％人口。他們真的對王室超級無感，甚至有點厭惡王室成員透過媒體炒新聞，讀者先生在我收看訪談時甚至跑去書房加班，說「終於找到比加班更痛苦的事」，原來他覺得看專訪的痛苦指數比加班還高，有夠誇張！

除了對王室冷感的英國人大有人在，每五個英國人就有一個支持廢除王室。理由相當多元，有些人覺得王室是腐敗的象徵；有些人認為讓納稅人買單王室所有開銷非常不民主；有些人單純就是不喜歡英國王室的部分成員（我絕對沒有說是哈利和梅根）。

深入討論英國境內主張廢除王室的聲浪前，讓我們先來了解一下英國王室的責任與角色吧！

英國王室的國王或女王是整個國家的老大（Head of State），但實際上沒有干涉政治的權力，而是所謂的虛位元首。王室的責任包括代表國家的象徵、團結國民、提供全體人民一個穩定與持續的力量，並且代表國家嘉獎對英國社會有貢獻的成功人士，以及用自身影響力號召大家參與非營利組織發起的幫助弱勢團體計畫。

在比較動蕩的時期，譬如戰爭期間或二〇二〇年因新冠疫情導致全國封城，英國女王一定會在這種關鍵時刻發表全國性演說，目的就是提供全民一個穩定的力量。此外，英國王室成員從黛安娜王妃的時代到現在的威廉王子與凱特王妃，都非常活躍於慈善公益事務，畢竟那正是王室成員的主要工作之一。

英國王室每年都會在年底與女王生日時公布授勳與嘉獎名單，以此肯定在各種領域對英國有貢獻的人。譬如知名服裝設計師保羅・史密斯（Sir Paul Smith）因為在時尚產業的貢獻而被王室冊封爵士（Sir）頭銜；國寶級女星茱蒂・丹契（Dame Judi Dench）因為在演藝事業的卓越表現被王室授予女爵（Dame）頭銜。

英國的授勳與嘉獎制度有一套非常複雜的系統，除了大家熟知的爵士與女爵，還有一大堆讓人眼花撩亂的封號，包括專門頒發給軍人的BEM（British Empire Medal），獎勵藝文界、科技界、醫界與政府組織的 Companion of Honour，以及其他各種領域的MBE（Member of the Order of the British Empire）、OBE（Officer of the Order of the British Empire）、CBE（Commander of the Order of the British Empire）。

獲頒頭銜對英國人來說是至高無上的榮譽，絕大多數人都會欣喜若狂，畢竟被女王肯定、和王室沾上邊，怎麼說都是件光榮的事。然而令人跌破眼鏡的是，很多英國人得知自己被王室列入受封名單後，不但一點都不感到榮幸，反而拒絕了王室的美意。

首先是已故英國流行音樂之神大衛・鮑伊（David Bowie）。二〇〇〇年被王室賜予CBE頭銜時他果斷拒絕，由於他在音樂上的成就實在太值得嘉許，王室在二〇〇三年又賜給他騎士（Knighthood）的封號。許多人夢寐以求在名字前面加上一個「Sir」，但大衛・鮑伊還是一樣果斷地說「No」。

媒體追問原因，他很委婉地說從來沒有想過接受任何封號（I would never have any intention of accepting anything like that）。媒體繼續追問他怎麼看滾石樂團的米克・傑格（Mick Jagger）在同一年接受了騎士爵位，大衛・鮑伊酷酷地表示，他不知道爵位的意義是什麼，但他知道那不是自己的人生追求，而且他不想評論其他接受爵位的人，因為那是別人的決定。最後媒體放出大絕招，問他是不是「反王室」，大衛．鮑伊以他定居美國多年，人不在英國為由，直接拒答。

第二位婉謝王室美意的名人是約翰．藍儂（John Lennon）。這位英年早逝的披頭四成員一九六五年和其他三位團員一起接受了ＭＢＥ封號，後來因為反對英國政府在外交政策上支持美國發動越戰，一九六九年親筆寫了封信給女王，歸還ＭＢＥ。

同為披頭四團員之一的喬治．哈里森（George Harrison）雖然沒有歸還ＭＢＥ頭銜，但在二〇〇〇年拒絕了王室頒發的ＯＢＥ。箇中原因直到他二〇〇一年去世前都沒有對外公開，外界揣測可能是王室一九九七年頒發了騎士爵位給同為披頭四團員的保羅．麥卡尼（Paul McCartney），卻只頒發ＯＢＥ給他，有大小眼的嫌疑不說，對他來說也是一種侮辱。

第四位是愛看英國廚藝節目的人一定認識的美女主廚奈潔拉．勞森（Nigella Lawson）。她不但擔任許多廚藝節目的主持人，還寫了許多本暢銷食譜，是英國最成功的女性名廚之一。她在二〇〇一年被賜予ＯＢＥ封號時，同樣委婉拒絕了王室，理由是覺得自己只是在做熱愛的事，沒有拯救人類的性命或做出類似的偉大成就，似乎不值得這個頭銜。當然，ＥＱ很高的奈潔拉私底下是否真的這樣認為，我們無從得知。

婉拒王室封號的名人還有史蒂芬．霍金（Stephen Hawking）。影響世界甚鉅的已故英國物理學家一九九〇年代以「我不喜歡頭銜」為由拒絕了騎士爵位，二〇一三年卻接受了王室賜予的 Companions of Honour，並表示他誤以為這是女王私人給他的禮物，沒有多想就接受了。不管怎樣，霍金教授的偉大成就全人類有目共睹，完全不需要王室的頭銜加持。

這些名人對於王室美意不領情，不管背後原因是什麼，似乎間接證明了在英國並不是人人都是王室的鐵粉。事實上整體來說，雖然大部分英國人支持王室的存在，但支持者在不同年齡層間的差異頗為顯著。根據二〇一八年的統計，超過五十五歲的族群有七十七％支持王室，反對者只占十八％；二十五歲到五十四歲的族群裡，支持王室的比例在六十％到七十％之間，反對者占二十一％到二十三％；而十八歲到二十四歲的年輕族群中，王室只有五十七％支持率，反對者高達二十五％。

我認為之所以會有愈年長者對王室支持率愈高的現象，首先是年長一輩的人吸收新聞的來源大多來自像ＢＢＣ這樣的主流電視媒體或報紙，而這類媒體對於王室幾乎無負評。反觀年輕世代，接收新知的管道以網路媒體為主，比較容易聽到多元的聲音，也比較能掌握王室又捅出了哪些婁子。

此外從心理層面來看，一般人在年紀漸長後，多半愈來愈傾向穩定的人生，對於改變容易躊躇不前，不像年輕人勇於挑戰舊制度、嘗試新制度。導致年長的族群在潛意識裡會朝王室帶給英國的好處思考，譬如王室居所溫莎城堡和白金漢宮每年吸引來自全球的觀光客，幾個景點加起來的門票收入超過三百萬英鎊，而忽略每年納稅人花在供養王室的錢就高達六百多萬英鎊。

還有個值得一提的現象是，儘管英國整體人口中支持王室存在的比例（六十二％）還是比支持廢除王室的比例（二十二％）高出許多（這也是為何英國仍然保有王室制度的原因），但對每位王室成員的評價卻是參差不齊。

根據 YouGov 二〇二〇年民調顯示，英國女王的支持度高達七十一分，緊接在後的威廉王子支持度有六十五分，第三名則是美麗的凱特王妃，支持度達六十二分。令人意想不到的是，二〇一九年支持度高達七十一分的哈利王子因為和妻子梅根一起卸下王室責任、移居北美，支持度跌落到當時史上最低的一分。梅根更慘，從二〇一九年的五十五分掉到負二十六分，僅高於因醜聞纏身支持度暴跌的安德魯王子。而二〇二〇年已經相當「慘不忍睹」的數字，在梅根和哈利二〇二一年接受歐普拉專訪後更分別跌到負二十七分和負三分！

雖然對梅根來說，專訪只是讓她在英國的聲望從負二十六分降低到負二十七分的些微差距，但哈利王子的人氣卻是為此首次由正轉負，看來即使英國人大部分傾向繼續維持王室制度，眼睛卻是雪亮的。身為納稅人供養的王室成員，沒事還是不要搞什麼飛機或娶錯老婆，啊……不，是沒事還是乖乖扮好王室成員的角色，誰叫你生為溫莎人，死是溫莎鬼呢！

歐洲的局外人

二〇一六年六月二十三日英國舉辦了脫歐公投，儘管支持脫歐和反對脫歐的人差距甚微，票選結果顯示，想和歐盟「離婚」的英國人還是比較多，英國和歐盟這對在一起超過四十年的怨偶，終於在多數英國人民的支持下分道揚鑣，於二〇二〇年一月三十一日結束關係，進入所謂的「過度期」（transition period），讓兩邊的「子女」能有一段時間適應和調整新生活。公投開票後經過四年半多的協商，雙方好不容易在二〇二〇年十二月二十四日談妥厚達一千多頁的「離婚協議」，正式在二〇二一年一月一日「徹底分手」，成為最熟悉的陌生人。

英國雖然早在一九七三年就加入歐盟成為會員，許多英國人其實打心底不覺得自己是歐洲人。記得初次去英國時和英國朋友聊天，提起即將前往瑞士和法國旅遊，他們說：「歐洲很美，妳一定會很喜歡！」我當場問他們：「難道英國不是歐洲嗎？」看著朋友臉上露出思索的神情，我進一步解釋自己從小在臺灣讀地理，英國地處歐洲西邊，算是西歐國家的一員。英國朋友表示，雖然他們同意從地理位置來看，英國真的是歐洲的一部分，但英國是島國，和歐陸不相連，所以很抱歉，在他們的心中，英國就是英國，而且是和歐洲大陸沒有連在一起的英國。

我本來以為這只是那幾位英國朋友的意見，在英國長期生活後卻發現，真的有一大票英國人打從骨子裡覺得他們和歐陸人不一樣，寬度僅僅兩百四十公里的英吉利海峽不但在地理上區隔了英國和整個歐洲大陸，也在心理層面上保住了英國人自以為獨立於歐洲以外的自主性。

我觀察到的現象也有數據的支持。根據二〇一五年的統計，英國人是所有歐洲國家中對自身「歐洲公民」（European）身分認同度最低的國家，高達六十四％英國人只認同「英國公民」身分，僅三十一％英國人同時具有「英國公民」和「歐洲公民」的身分認同，遠低於歐盟其他國家。法國和義大利有五十五％、西班牙有五十六％、德國有五十八％的人，認為他們同時是「法國／義大利／西班牙／德國公民」，也是不折不扣的「歐洲公民」。

日常生活中，英國人愛把自己和歐洲區分開來的例子比比皆是。譬如只要不是典型的英式早餐，而是以可頌和咖啡為主的早餐，他們就說那是「歐陸早餐」（continental breakfast）。

又好比幾年前媒體報導，英國因女權高漲，英國男人目前偏好與歐洲女性（European girl）交往，真是超級鬼打牆。英國的坐標明明就在歐洲，英國女孩理論上也是歐洲女孩，許多英國人卻堅持英國不是歐洲、英國人不是歐洲人，偏偏又講不出個具體的理由，只會回答：「我很難解釋，但就是覺得我們和歐洲人不同，如果妳和我一樣在英國出生長大，就懂我說什麼了。」

Seriously？只要喝英國的水、吃英國的馬鈴薯、呼吸英國的空氣長大，自然而然就會了解英國人為何喜歡把自己當成歐洲的局外人？

就我個人觀察，許多英國人之所以會有「和歐洲人不同」的「人設」，除了地理位置不相連，可能也和以下文化背景、制度與心理因素有關：

一、時區不同

英國和歐陸雖然只有一海之隔，卻分屬兩個不同的時區。英國是和臺灣差七到八小時（夏令時間晚臺灣七小時，冬令時間晚臺灣八小時）的格林威治時區（Greenwich Mean Time），歐陸除了東歐國家和葡萄牙以外，則是和臺灣相差八到九小時的中央歐洲標準時區（Central European Standard Time）。雖然英國和歐盟的時差只有一小時，卻「時時刻刻」提醒著英國人他們和歐盟的不同。

二、貨幣不同

英國雖然早在一九七三年就加入歐盟，卻沒有在一九九九年歐元發行時改變貨幣，而是繼續使用英鎊，原因是當時的英國和歐盟的經濟環境不夠相似，政府覺得應該要等待時機成熟後再換成歐元，結果這一等就沒有下文。直到「分手」前，英國人前往歐盟都要先兌換歐元，心態上自然很難有「我們是一體」的感覺。

三、駕駛位置

眾所周知，英國是世上少數實施右駕的國家之一，而歐盟裡所有國家都是和臺灣一樣的左駕，此一區別雖然對大部分駕駛人來說不是太大的問題，卻讓英國和歐盟的不同多添加了一筆。

四、度量衡

無論是測量人的身高或體重，還是測量物體的容量或距離，英國人都有一套自己的系統，長度用的是英里（mile）、英尺（foot）、英寸（inch）、碼（yard），重量則是磅（pound）和英石（stone）。這些複雜的英制單位就算我移民超過了十年還是搞不清楚，完全沒概念的程度就像英國朋友們聽到我說自己身高一百六十二公分時一樣，可以說是英國人和歐盟人雞同鴨講最徹底的部分。然而，讓歐盟人搞不清楚的英制度量衡中卻有一個例外，那就是測量液體容量的品脫（pint），這個英制單位倒是許多歐盟人都很熟悉，因為每次到了英國去pub點啤酒時都會用到。

五、插座規格

英國和歐陸使用的插座規格完全不同，儘管兩邊的電壓都是二二〇到二三〇伏特，英國使用的英規插頭是三個方頭，歐陸大部分國家使用的是兩個圓頭的歐規插頭，包括德國、法國、荷蘭、丹麥、芬蘭、挪威、波蘭、葡萄牙、奧地利、比利時、匈牙利、西班牙、瑞典等國家，導致英國人前往這些國家旅遊時必須使用轉換插頭。雖然只是生活小事，無形中卻在心理上加深了英國人認為自己和歐洲的確有所區隔的感覺。

六、國定假日

英國每年固定有八天國定假日，法定的勞工年假最少二十天，所以大部分有工作的英國人一年至少有二十八天不包括周末在內的假期。聽起來很多天？歐盟光是國定假日就有二十二天，再加上法定基本年假，歐盟人的假期幾乎比英國人多了接近一倍，難怪我時常在聯絡歐盟的客戶時動不動發現他們「又在休假」。歐盟國家真的就是假期一大堆（有許多和宗教相關的假期），這點除了讓英國人超級羨慕，也再一次提醒了他們「看吧！我們和歐洲人本來就不一樣」。

七、打招呼的方式

在歐洲打招呼是門學問，不同國家對於見面打招呼時親吻臉頰的次數各有不同標準，譬如法國某些地區是左右臉頰各親一次，義大利部分地區甚至是兩邊各兩次；有些國家只有對女士才需要親臉頰，有些則是男女都要，規則十分複雜，不是當地人很難掌握。在含蓄保守的英國，打招呼的大原則是初次見面握手，熟了以後男士們繼續維持握手，對女士才需要擁抱並親一次臉頰，相對來說簡單很多。打招呼雖然只是很小的事，日常生活中卻時常發生，不一樣之處或許也會讓英國人在潛意識中強化了「英國和歐洲不同」的自我認同。

八、飲食文化

吃東西這件簡單又基本的事，絕對是國與國之間最容易出現「文化震撼」的理由，尤其有些英國人常吃的食物被歐盟人視為很奇怪（譬如英式早餐裡用豬血做成的黑布丁 black pudding），或是甚至根本找不到（譬如 parsnips 這種英國獨有的根莖類蔬菜）。除了食材本身，料理方式也十分不同，最經典的首推泡茶方式。大部分西方人習慣在紅茶裡放點牛奶，英國人堅持先倒牛奶，歐陸人卻剛好相反，這種泡茶方式已經深深植入英國人的潛意識當中，成為改不了的日常生活習慣。反過來說，對以美食聞名於世的法國人和義大利人來說，英國人不但不懂得吃，更不懂得烹調，是有名的「食物讓人難以下咽」之國。

九、聖誕節的習俗

在西方社會，聖誕節的地位就像臺灣人的農曆春節，是一年中最重要的節日，但是對於哪一天吃聖誕大餐、哪一天拆禮物等節慶習俗，歐盟和英國可是各自有傳統。

譬如英國人拆禮物和吃聖誕大餐都是十二月二十五日聖誕節當天，德國人卻把這兩個重頭戲安排在十二月二十四日的平安夜。英國人稱聖誕老人為「聖誕老爹」（Father Christmas），德國人卻稱為「聖誕男人」（Weihnachtsmann）或「基督的小孩」（Christkind），克羅埃西亞和保加利亞等東歐國家則是「聖誕爺爺」（DjedBožićnjak 和 ДядоКоледа），比英國的「聖誕老爹」輩分更升一級。不過這一切都比不過北歐人的怪異，瑞典人竟然稱呼專程送禮物給小朋友的 Santa 為「聖誕侏儒」（Jultomten），芬蘭人甚至叫他「聖誕山羊」（Joulupukki）！

看到這裡你應該已經發現了，不管是打招呼的方式、飲食習慣還是聖誕節習俗，歐盟二十七個國家，每個國家都略有不同，但英國人卻因地理位置的一海之隔，自然而然地傾向將那些差異統稱為「歐洲人的習俗」。

十、教育

最後也是最重要的一點是我從讀者先生的工作中發現的。他目前擔任 Sixth Form College（等於臺灣普通高中）的老師，工作內容有一項是要依照英國教育體系的規定，經常更新課程大綱與教材。每次更新時學校都會特別強調，教材裡一定要反映「英國價值」（British value），卻從來不曾提到要彰顯「歐洲價值」（European value）。雖然「英國價值」和「歐洲價值」很多面向都十分接近，這樣的話術卻完全反射出英國人打心底認為自己和歐洲人有所區別的心態。

Sixth Form College 是針對十六到十八歲、想考大學的學生所設立的學校，開設申請大學時占有重要地位的 A-Level 等課程，屬於英國義務教育的一環。英國人在青少年跨入成人階段的十六到十八歲，每天不斷從教育中接收到「英國價值」的重要性，難怪長大成人後都深深覺得自己是「英國公民」，不像法國、義大利、西班牙或德國等歐盟國家的人，大多數認為自己同時具有「本國公民」和「歐洲公民」的身分認同。

其實不只 Sixth Form College，英國人從四歲開始上小學接受由國家提供的義務教育開始，各階段的課程內容都時常圍繞著所謂的「英國價值」，這或許最能解釋我的英國朋友被問到為何覺得自己和歐洲人不一樣時會回答很難解釋的原因。

說了這麼多，針對為何「英國人是歐洲的局外人」此一現象，我覺得並沒有標準答案，以上只是我從日常生活中得到的個人觀察。歸根究柢，我認為英國人的島國情結是讓他們覺得自己「與眾不同」的關鍵，地理位置的孤立容易讓島國子民產生心理上的孤立，進而產生和歐洲大陸切割開來的島國自我認同。

英國人的自我認同雖然對於非英國人來說很難理解，但有一件事是確定的：即使許多英國人自認為是英國公民而不是歐洲公民，卻不表示他們覺得自己比歐洲人優越，只不過是島國情結作祟，讓許多人無法像歐洲大陸上的「歐洲公民」一樣，不管來自法國、德國還是義大利，一律認為自己是生活在歐洲這個大熔爐中的一分子。

沒必要結婚 vs. 離婚門檻高

二〇〇八年我第一次來英國時就發現，英國人好像不是很流行結婚，許多對情侶朋友在一起超過十幾、二十年，不但一起買了房子，孩子生了好幾個，卻遲遲不肯結婚，彷彿很滿意這種有伴侶但無婚約的生活。

查了官方統計資料發現還真是這樣。英國十六歲以上的成人結婚率數十年來都停留在約莫五成，且有逐年遞減的趨勢，譬如二〇一七年的結婚率是五十一％，到了二〇一八年卻降到五十．五％。相對的，十六歲以上成人選擇同居而從來沒結過婚的人口則逐年增加，從二〇〇八年的一百三十萬成長到二〇一八年的五百萬，十年間成長了三．八％，這些人一輩子和自己的伴侶一起生活，過著和辦理結婚登記的夫妻完全一樣的生活，卻從來沒考慮過結婚這個選項。

為什麼呢？我問了許多英國朋友，他們反而覺得我很奇怪。在英國人眼中，有沒有結婚根本沒差，一紙婚約並不會讓他們覺得特別有保障，沒有也不會特別沒安全感。

綜合英國人的說法和自身觀察，我認為英國人結婚率不高和以下四個原因：沒必要、結婚花費高、離婚門檻高和離婚程序耗時傷財有很大的關聯。

首先是覺得沒必要。

在英國，同居情侶和結婚夫妻這兩種關係的社會地位並沒有很大的區別，法律上對於這兩種關係的保障也差不多，導致許多人覺得結不結婚並沒有實質上的不同，實在沒有必要為了「名分」特別結婚。再加上英國沒有亞洲社會來自長輩的催婚壓力，如果一對情侶很滿意同居生活，父母也不會期待他們有一天會結婚。

以交情和我最好的英國鄰居為例，都從事文創產業的兩人思想前衛，在一起超過二十年堅持不結婚，育有一個兒子和兩隻貓，生活愜意且十分恩愛，有時甚至讓人懷疑他們是利用不結婚的方式來維持熱戀期的長度，看到他們的甜蜜互動常讓我這結婚剛滿十年的人妻非常慚愧。

公司裡另一位擔任設計師的同事和伴侶的情況亦然。兩人在一起超過二十年，從來沒有結婚的打算，現在孩子都已成年搬出去住了，他們順勢恢復年輕時還沒孩子的情侶生活，臉書上每天都是他和另一半晒恩愛的照片，辦公室也經常出現他為了製造驚喜而從網路上為女友購買的禮物包裹，讓所有女性同事都非常羨慕。

此外，對於有宗教信仰的英國人來說，結婚不只是兩個人或兩家人的事，而是兩個人和神之間的承諾。英國人的主流宗教是英國國教，婚禮傳統在教堂內舉行，得在耶穌、主教和眾親友面前許下誓言，對於信仰虔誠的人來說是非常神聖的事，畢竟在神面前發誓可不是開玩笑，如果心裡沒有做好準備，大概很難有走進教堂互許終身的勇氣，也成為有信仰的英國人對結婚駐足不前的原因之一。

另一方面，結婚的驚人開銷也讓許多新世代伴侶打退堂鼓。他們一方面認為婚姻是old fashion的象徵，視其為沒有必要的儀式，二方面也沒有太多經費可以舉辦婚禮。

無論是以上哪種，在這些英國人眼中，婚姻不但不是浪漫的象徵，更是過時的思想或沉重的包袱，他們情願一生同居，守護在彼此身邊，也不要用婚戒綁住對方。

第二個原因則是結婚花費高。

雖然辦婚禮在臺灣同樣所費不貲，但在沒有收禮金傳統的英國，砸錢籌辦婚禮絕對是有去無回，需要財力與魄力的雙重支持。據統計，二〇一八年英國人平均花三萬兩千兩百七十三英鎊舉辦婚禮，這折合臺幣約一百二十萬元的費用在英國都可以買一輛簡配的特斯拉電動車了，用來付買房頭期款也綽綽有餘。

去年我參加同事婚禮，親眼見識了所謂三十二K英鎊打造的婚禮。除了包下整座英式莊園，還有精心設計的菜單和客製化服務，從場地布置到給客人的伴手禮，甚至每瓶酒的瓶身上都有新人合照，非常用心地量身定做一場獨一無二的婚禮。這還不包括新娘的婚紗、新郎的西裝、伴娘和伴郎的行頭，這些在英國全部都是用買的，不像臺灣可以向婚紗店租借。當然，更不能忘記那代表海誓山盟的戒指。據統計，二〇一七年英國人平均砸下三千一百三十三英鎊買一只婚戒，折合臺幣約十一萬六千元。

聽起來很瘋狂嗎？更瘋狂的是，二〇一八年竟然有三十九％英國人為了結婚而超支或貸款，為了講究派頭，不惜打腫臉充胖子的英國人真不少。

當然，不是每個想結婚的英國人財力都如此雄厚，如果你要走簡單的登記註冊結婚，花費相對大幅降低。如果雙方都是英國人，每人只需要繳登記費三十五英鎊，如果其中一方不是英國人，則是每人四十七英鎊。然而，萬一雙方婚後決定定居英國，得付每年都在調漲的配偶簽證費和英國健保費，又是一筆十萬元臺幣跑不掉的開銷。

結婚花費如此之高，在精打細算的英國人眼中，榮登不婚原因的亞軍寶座。

第三是離婚門檻高。

花了大錢結婚，卻發現彼此個性不合，不可能天長地久，這時候才發現離婚不是想像中那麼容易，我認為是英國人不流行結婚的第三個原因。

根據英國政府規定，想在英格蘭或威爾斯申請離婚必須符合以下條件：

－結婚超過一年。如果未超過一年，可以申請合法分居或婚姻註銷。（試用期內可以退貨的概念）

－證明兩人關係永久性地破裂，且無法修復。（如果兩位只是床頭吵床尾和，請不要來煩英國政府）

－該婚姻在英國獲得法律認可。（如果是一夫多妻或一妻多夫等英國不承認的婚姻形式，也不要來煩英國政府）

－你或另一方的永久居住地位於英國境內。（如果兩個人都不住英國，那就更不用說，請去煩別國政府）

為了證明第二點，當你提出離婚申請時，還必須提交滿足以下五種原因中至少一項的證據，才能獲得法院的判決通過。

一、通姦。這規定舉世皆然，有趣的是通姦不適用同性婚姻，因為必須建立在其中一方和其性別相反的人發生性行為的基礎上，而且如果未通姦的那方發現另一半有通姦的事實後，卻還是和對方住在一起超過六個月，就無法用這個理由訴請離婚。（如果抓到對方通姦想申請離婚，千萬不要為了省房租就繼續勉強同居！）

二、不合理的行為，包括肢體暴力、言語暴力、吸毒或酗酒，以及拒絕負擔共同生活的費用。（這麼悲慘還不離婚才奇怪吧！）

三、遺棄。想用這個理由訴請離婚必須遭到另一半遺棄至少兩年。（遺棄對方至少要滿兩年才能獲得英國政府認證的渣男／渣女標章）

四、雙方已分居至少兩年，但需要雙方都以書面同意離婚，才能以這個理由申請離婚。（感覺這條是用來保障遠距離夫妻，不然分居滿兩年就被離婚也滿慘的）

五、雙方已分居至少五年，則任一方不需要徵求另一方書面同意即可申請離婚。（人生能有幾個五年，只要分居滿五年就可以得到英國政府無條件支持的離婚！）

注意到了嗎？五大離婚理由中不包含「不愛了」或「個性不合」，導致二〇一八年上演轟動全英的「Tini Owens 離婚上訴案」。案子女主角是六十歲的英國女士 Tini Owens，她向法院申請離婚卻遭到駁回，理由是她在無法提供任何證據證明兩人關係因為其中一方通姦、遺棄，或出現不合理行為的情況下，又得不到老公的書面同意，只能等到雙方分居至少五年後才能離婚。

當時就有許多人提出倡議，認為現行的離婚規定不合時宜，畢竟如果其中一方已經沒有感情，還要被迫等五年才能恢復單身，實在非常不近人情；也有人站在 Tini Owens 老公的立場，同情這位當時已經八十歲還想努力挽回妻子的老先生，畢竟感情的事非常複雜，如果法院改變制度讓離婚變得輕而易舉，在目前離婚率偏高的社會風氣下——根據英國國家統計辦公室（The Office for National Statistics）估計，英格蘭和威爾斯的離婚率高達四十二%——是否會讓更多人把婚姻當作兒戲？

儘管 Tini Owens 的案子凸顯了在英國離婚困難重重，但制度並沒有因此改變，至今如果想在英格蘭或威爾斯境內離婚，還是必須滿足以上五個原因中至少一個，感覺是英國政府刻意把關，不讓離婚率繼續攀升。

最後一個原因則是離婚程序耗時傷財。

在英國除了結婚很貴、離婚門檻高，若是好不容易申請離婚成功也不要高興得太早，因為辦理離婚程序更是一場耗時傷財的惡夢！

去英國的區公所辦理離婚登記只需要支付區規費五百五十英鎊（折合臺幣約兩萬

元），聽起來是件再簡單不過的事，但由於牽涉到財產分配和子女監護權，離婚不是兩人一起去區公所公開「切八段」就可以完成，通常都會找律師處理，還得加上貴森森的律師服務費。

律師服務費的價格因個案複雜程度而異。據統計，全英國倫敦以外的地區，離婚的律師費平均約為八千九百二十六英鎊（折合臺幣約三十三萬元），如果只統計物價高昂的大倫敦地區，費用還要再乘以二左右。

除了動輒數十萬臺幣的離婚律師費，為了談妥令雙方都滿意的離婚協議，有時往往非常耗時。根據官方數據，如果雙方同意離婚且對離婚的原因有共識，一般需要花四到六個月才能走完離婚的法律程序；要是還得處理財產分配和子女監護權等問題，則所需時間會更長，超過一年都是常有之事。我的英國同事據說就花了一年多才順利離婚，但他也沒有浪費時間，處理離婚申請的同時就在交友APP Tinder上尋找新對象，後來真的找到了有緣人，並在幾年後再婚。

值得特別說明的是，對愛孩子的英國男人來說，離婚對他們非常不利，因為法院幾乎不可能把孩子的監護權判給爸爸，只有少數極端的情況中，譬如媽媽有毒癮、酗酒或是罪犯，甚至正入監服刑，孩子的監護權才有可能判給爸爸。根據統計，英國的離婚案件中有七十一％將監護權判給媽媽獨有，判給爸爸獨有的比例只占七％。這也是為何許多英國男人有所謂的「恐婚症」，對他們來說，婚姻真的有百害而無一利。

英國人的結婚比例不高，和社會風氣普遍覺得沒必要、結婚不便宜，而且離婚不但很難也很貴有關。有機會來到英國，看到像老夫老妻般的 couple 時，請先別預設他們是 Mr & Mrs，畢竟在英國，許多人只在乎天長地久，不在乎那薄薄一張的結婚證書。

全民斜槓的Double Life

幾年前我在瑞典辦了場公司客戶裡規模最大的活動，不但為期一個半月，參與人數更來自世界各地，高達一千多人。活動最後一天是場盛大的晚宴，我們特別從英國請來知名樂團到場助陣，炒熱氣氛，當時客戶非常貼心地幫身為工作人員的我和同事們也開了一桌，邀請我們一起加入晚宴。那天大家真的玩得非常盡興，我的英國帥哥同事M更被拱上臺表演，原本擔任場控的M一登上舞臺，從樂團吉他手的手中拿到電吉他後就瞬間變了個人，不但和樂團默契十足地表演了多首經典搖滾名曲，還架勢十足地自彈自唱，根本就是被行銷工作耽誤的實力派偶像歌手！

即使早知道M多才多藝，不只會彈吉他、打鼓，還彈了一手好鋼琴，但親眼看到他一點也不輸給專業樂手的精彩表演，仍然讓我打心底佩服。更難得的是，M能文能武，不但音樂表現卓越，還從青少年就開始打英式橄欖球（rugby），是地方代表隊的球員。

在英國工作超過十年後，我發現身邊的英國同事幾乎每位都和M一樣，在正職之外還有「隱藏版」才藝。以前在學校工作時，有兩位老師一位是業餘鼓手，另一位從十八歲就組團玩吉他。現在工作的行銷公司更厲害，有位主管私底下身兼攝影師和畫家，畫展開了好幾次，是名副其實的才女；我的直屬主管平時是西裝筆挺、周旋在跨國企業老總間的重要人物，一到了周末或假日就搖身變成知名DJ，是夜店裡最能掌握氣氛的靈魂人物。也經常聽說某某客戶白天是跨國公司呼風喚雨的銷售總監，私底下則是寫了好幾本推理小說的大作家；或者某某供應商的CEO白天在辦公室裡爭取幾百萬的大案子，晚上卻是爵士酒吧的老闆，也會拉低音提琴。

其實不用說別人，讀者先生就是最典型的「斜槓」。除了以教書為正職，他同時是薩克斯風手兼作曲家，不但曾在日本、歐洲各國和美國表演，平時也經常在英國各地演出，還發行過兩張爵士專輯和一張EP。因為讀者先生的關係，我間接認識了許多英國的音樂人，發現他們當中很少有人是全職音樂家，大部分都和讀者先生一樣有份自己喜歡的工作，也不放棄對音樂的熱愛。

我的小叔周一到周五是個普通上班族，一到假日不是在開飛機就是在打水上排球；他太太平時是物理治療師，周末則搖身一變為彈鋼琴的氣質美女，或是動不動就在比賽中得獎的游泳健將。

總而言之，我身邊的英國人幾乎人人都是「斜槓」，而且從很久以前就是這樣，這似乎是他們的人生常態，而不是近年流行這種現象才出現的跟風。

為什麼這麼多英國人都擁有多彩多姿的斜槓人生呢？不是他們天生多才多藝，我認為和以下三個原因有關：

一、鼓勵培養嗜好

英國社會鼓勵每個人培養嗜好與一技之長，這點在基礎教育中就看得出來。從小學生的課綱就能發現，體育課的課時比例幾乎和英文、數學差不多，而且上課內容很扎實。以目前讀三年級的小龍包為例，一周五天有三天要上體育課，沒有上體育課的時候學校也安排了課後活動，讓對體育有興趣的小朋友可以參加足球俱樂部或體操俱樂部。

美術課同樣是小學生活的重點，除了經常從學校帶回一大堆勞作，家庭作業也不乏美術類功課，有時多到讓我忍不住和讀者先生抱怨「根本在整父母」，因為年幼的小龍包需要爸媽協助才能完成勞作，間接增加了我們的工作量！

音樂課更不用說，英國做為世界流行音樂重鎮，學習樂器的風氣非常盛行，許多小朋友很小就開始學樂器，小龍包就是五歲開始學吉他。

這和我小時候的臺灣很不一樣，學校雖然口口聲聲說「五育均衡」，老師們重視的還是智育，體育和美育只不過是書本外的調劑，做表面功夫的情況居多，有時體育課、美術課或音樂課被數理老師「借走」也司空見慣。

除了學校，一般英國的家庭教育同樣非常看重孩子的體育、美術和音樂發展。譬如讀者先生很堅持小龍包每天都要做運動，也一定要練至少半小時吉他，美術則是小龍包熱愛的嗜好，每天都會在素描本上隨意塗鴉或摺紙。當然，他能有這麼多時間從事這些嗜好，或許也和我們家「no video game」的環境有關。

二、對勞工友善的職場

嗜好再多，也要有時間配合才行。講究工作與生活雙雙達到平衡（work/life balance）的職場文化，絕對是英國上班族如此多才多藝的第二大主因。

除了法定基本年假規定不得少於二十天，英國還有八天國定假日，加上每個周末有兩天的休息日，英國勞工每年至少有一百三十二個假日，需要工作的時間最多不超過兩百三十三天。大多數英國人相信，足夠的休息與充電不但是基本人權，更是增加工作效率的最佳良方。

加班文化在英國並非主流，準時上下班天經地義。如非必要，雇主不會要求員工加班或抱持加班的期待。以我個人在教育界和行銷業工作的經驗為例，加班次數屈指可數，如果假日加班，雇主不是依照法律規定給雙倍甚至三倍薪水，就是給予相對應的補休，絕對不會用責任制當作讓加班變成常態的藉口。這種不加班的職場文化不僅建構在員工對工作效率的自我要求，還有雇主對「工時長不代表產值大，高效率才是」的理解之上。

此外，英國是工會發源地，工黨（Labour Party）至今仍是英國前兩大政黨之一，可想而知政府對於勞工權益有相當完善的法規與制度。譬如根據《工時法》（*Working Time Regulations*）規定，每周工時不應超過四十八小時。在如此友善勞工的環境下工作，員工不但權益有保障，也更能心安理得地利用下班時間發展第二專長。

事實上，我認為英國這種不加班的職場文化，和一般人普遍利用空閒發展第二專長的現象，根本是像雞生蛋、蛋生雞一樣的關係。你很難判斷是因為英國人都不加班，才有那麼多時間經營下班後的生活，還是他們為了發展第二專長和嗜好，所以不讓加班變成常態。但無論如何，這種追求「work/life balance」的風氣，的確是造成英國全民斜槓的關鍵要因，值得習慣亞洲模式的我們好好參考。

三、追求生活品質的風氣

很多人都說英國人很會過生活，但這裡說的生活品質，不是指使用高級家具或餐餐吃好料，而是一種對待生活與人生的態度。

二〇二〇年英國全體勞動者的平均年薪是三萬一千四百六十一英鎊，換算成臺幣約一百二十五萬。乍看之下似乎高很多，但別忘了英國的物價也很高，扣掉生活開銷後，英國人的經濟情況並不如我們想像中那般遊刃有餘。反而是他們對於生活品質的堅持，更讓人感受到其精神世界的富足。

充實的精神生活建立在興趣與嗜好之上，無論是畫畫、音樂、藝術、寫作、園藝、體育、烹飪、烘焙，或是從事公益活動，大部分英國人都會好好利用工作餘暇經營這些以興趣為基礎的第二專長，除了為生活多增加點「儀式感」，也是由精神層面提升生活品質的最佳方法。

斜槓在英國不是件新鮮事，而是一種人人奉行的生活態度與人生哲學，而這股不計成本、認真經營自己的風氣，除了說明英國人對於休閒生活的重視，也反映出整個社會對文化活動的支持，難怪英國的文化和創意產業一直走在世界前端。

無為而治的佛系醫療觀

曾經旅居英國的臺灣人一定都抱怨過英國的醫療體系，誰叫我們早已習慣了效率與醫療品質都超高的臺灣健保，對於需要預約才能就診的英國國家健康服務（National Health Service，簡稱ＮＨＳ）多有微詞。而且需要預約就算了，大部分時候都無法在當天就醫，而是幾天後、下周，甚至下個月才能見醫生一面，令人產生「看醫生和個人造化與運氣有關」的感嘆，難怪住在英國的臺灣人時常開玩笑，命要夠硬、耐性要夠多，才能在英國生存。

當然，如果真的是急症，還是可以前往所謂的「Walk-in Centre」掛急診，只是請不要拿臺灣的標準看待「急診」兩字，因為往往至少要等一、兩個小時，若是秋冬等病號出籠的季節，等上四、五個小時甚至都算正常。

除了看病掛號要碰運氣和考驗個人耐性，好不容易見到了醫生，還要有顆夠強的心臟才不至於被他們常說的「金玉良言」氣到大翻白眼。讓人聽了心中很難不出現問號的金句有哪些呢？堂堂正正的英國掛牌執業醫師最常對病人說的三句話分別是：

—「回家多休息就會好了。」（等了兩個多小時，換來醫生一句安慰？）

—「吃點止痛藥就會好了。」（我花那麼多時間掛號是掛心酸的？）

—「六個星期後就會自動好了。」（不是六天、不是六個小時，是六個星期！虧醫生說得出口！）

我曾因重感冒、手肘扭到、脖子和肩頸疼痛等症狀去看家庭醫生，得到的回答都不出以上這三句，讓人有種看醫生還不如問 Google 的無奈感。

英國醫生如此熱愛使用這三句話不是因為昏庸，也不是英國的醫學院比較混，而是英國醫學相信人的免疫力是最強大的武器、最頂級的良藥、最無敵的處方。在英國，感冒根本不會被當成病，即使是非常嚴重的感冒也一樣，如果你硬要去看醫生，醫生只會給你以上三句話，畢竟感冒本來就沒有特效藥，充分休息，增加免疫系統的作戰能力，自然就能漸漸戰勝感冒病毒了。醫生還會安慰病人，「六周後就會好了哦」，但是六周就是一個半月，要病人等這麼長的時間，我想應該很少人會被安慰到吧！

如果真的痛苦到不行，醫生會要病人自行服用止痛藥，這也是為何英國一般超市、商店、藥房隨便就能買到不需要處方箋的 paracetamol，人人家中也多少會儲存一些，以備不時之需，算是英國最常見的家庭常備藥。

遵循如此「佛系療法」的不只家庭醫生，連物理治療師也走這個路線。我曾因膝蓋受傷而行動不便長達三個多月，期間物理治療師堅持不給我任何輔助器材，只讓我每天反覆做她指定的運動，要我自己鍛鍊臀部肌肉，不依賴外力，導致我像「掰咖」般一跛一跛走路長達好幾個月。雖然常和朋友抱怨，但不得不說物理治療師是對的，如果我只依靠輔助器材而沒有加強鍛鍊肌肉，下一次膝蓋還是可能發生同樣的問題。

然而，正因如此重視免疫力和自癒力，導致二〇二〇年新冠疫情在英國出現第一波大流行時，英國科學家的第一反應是提倡所謂的「群體免疫」，主張輕症病患連醫生都不用看、檢測也不需要做，只要自己在家隔離，直到完全康復。如此大膽的理論一出，不但嚇壞所有住在英國的臺灣人，連世界衛生組織也暗諷英國政府這樣「母湯」，還特別開記者會呼籲大家一定要「Test、Test、Test」，完全就是「重要的話要說三次」的節奏。

還好英國政府後來終於覺悟，發現佛系療法並不適用新冠疫情，在慢了很多拍後開始積極採取防疫措施，除了提倡檢測的重要性，也在疫情發展三個多月後「終於」承認戴口罩防疫的有效性。只不過這個覺悟似乎來得有點晚，導致英國在第一波疫情中死了四萬多人，二〇二〇年底出現變種病毒後，死亡人數更是攀升到超過十二萬人，死亡率那時高達世界第四，僅次於美國、印度和巴西。

雖然英國醫界偏佛系的做法和臺灣不太一樣，但英國的全民健康保險其實是人類歷史上最重大的發明之一，深深影響著全世界的健康保險制度。

身為世界上最早實行公醫制的國家，英國政府相信，醫療服務是國家最重要的基礎建設之一，尤其是一九四五年工黨執政時期，在被視為NHS最大推手的衛生部長貝文（Aneurin Bevan）影響之下，NHS正式成立，從一九四八年至今始終是英國社會福利體系中最重要的一環。

雖然NHS的效率比不上臺灣健保，常被我們嫌得要死，但英國人普遍認為NHS是英國最偉大的發明之一。一則二〇一三年做的民調就顯示，NHS在英國人心中的地位甚至超越了英國王室與英國國家廣播公司BBC。

為什麼？NHS保障的是所有住在英國的人，無論貧富貴賤，一律都能享受免費看診治療的權利，打破了英國在二次大戰前醫療體系制度混亂、資源不但未整合甚至淪於富人特權之嫌的情況。英國做為世界民主的發源地之一，能有這項造福全體國民的創舉，一直讓英國人至今深感驕傲。

ＮＨＳ如何運作呢？以家庭醫生（General Practice，簡稱ＧＰ）為單位，所有的英國居民都被要求在所屬的家庭醫生診所註冊，一般小毛病直接由家醫診所看診，如果遇到重大疾病必須開刀或較複雜的治療，則由家庭醫生轉診給專科醫師或附近的大型醫院。而這一切的服務，包括癌症化療、各種掃描檢查、大大小小的手術、生產、住院、術後復健等，除了拿藥以外，全部免費。

此外，雖然英國醫生老是講那幾句金玉良言，但如果你的病情真的非常嚴重而且無法用免疫力治癒，他們當然不會見死不救。而且英國的醫療系統對於兒童、孕婦、老人特別重視，如果這三大族群需要約診，通常都能很快掛到號並見到醫生，充分顯示英國社會福利體系中照顧弱勢團體的特色。

另一方面，如此龐大的醫療支出自然需要完整的財政體系支撐，ＮＨＳ大部分經費來自稅收，也就是納稅人的錢。所有在英國工作的人繳交的所得稅中，約有二十%用於ＮＨＳ；周薪若在一百八十三英鎊以上（約臺幣七千三百二十元）或自雇者年營收在六千四百七十五英鎊（約臺幣二十五萬九千元）以上還需繳交國家保險費（National

Insurance），比例按照收入而略有差異。一般受雇者周薪一百八十三到九百六十二英鎊（約臺幣三萬八千四百八十元）需繳交收入十二％；周薪超過九百六十二英鎊再加收二％。除此之外，英國政府對於外籍居民或移民也徵收ＮＨＳ使用費，通常在申請簽證時就會計入，目的同樣是為了保障ＮＨＳ的有限資源不會被快速成長的移民數量稀釋。

儘管如此，ＮＨＳ還是面臨了極大的財務危機，原因之一來自就診「出席率」。公醫制最大的危險來自部分人民的濫用，覺得既然是免費的就盡量使用，甚至約了診卻不出席。據統計，英國每年約有一千五百萬個門診被病人放鳥，表示醫生、護理師、物理治療師等各類醫護人員在執行勤務期間能看的病人數下降，珍貴的就診時段被浪費。其中最忙碌的家庭醫師門診被 miss 了七百二十萬個，若以一個時段三十英鎊（約臺幣一千兩百元）成本計算，光是醫師門診對ＮＨＳ造成的經濟損失每年就高達二・一六億英鎊（約臺幣八十六億元）。

另一個更為人詬病的是，二〇一〇年保守黨領袖卡麥隆（David Cameron）當選英國首相後，頒布一系列大動作刪減ＮＨＳ預算的政策，包括資遣超過七千多名護理師，造成醫療資源更加短缺。許多救護車將病人送往醫院後，必須在車上等待一個半小時以上才能入院，病人在急診部等待的時間更長達四小時以上。

而這些二〇一〇年前種下的因，在二〇二〇年新冠疫情大流行時嘗到了苦果。由於人力吃緊，造成醫護人員焚膏繼晷、日夜排班，照顧數量龐大的新冠肺炎病人，政府為了確保NHS不會癱瘓，只好在二〇二〇年三月和十一月，以及二〇二一年一月分別宣布了三次全國性大封城。

最後要補充，如果真的不想忍受英國健保效率不如臺灣，其實可以投保私人健康保險，雖然經濟負擔比較重，但私人健康保險的服務就像臺灣健保那樣有效率，隨時可以看到醫生，完全不需要等待哦！

士可殺，不可戴口罩

要是沒有爆發新冠肺炎，我們大概永遠不會知道東西方對於戴上口罩這件事竟然有如此天差地別的想法。尤其是英國，把「士可殺，不可辱」改成「士可殺，不可強迫戴口罩」似乎都行得通，對許多英國人來說，戴口罩真的會要了他們的命，有人甚至誇張地說寧願得病也不要戴口罩。

英國人到底有多抗拒戴口罩？英國政府為了控制疫情「不得不」多次改變口罩政策的「心路歷程」又是如何？以下是我從二〇二〇年初疫情爆發，英國全國上下沒人相信戴口罩能防疫，到後來政府承認戴口罩有助防疫，並在疫情出現半年後才將戴口罩納入防疫政策的第一手觀察。

二〇二〇年一月新冠肺炎在中國爆發並迅速蔓延到亞洲其他臨近國家時，英國也在一月底出現第一個個案。當時英國人普遍覺得沒什麼好怕的，新冠肺炎只是一個「亞洲來的疾病，就像嚴重一點的感冒而已」，壓根沒把疫情放在眼裡。

英國人在疫情初期對新冠病毒到底有多輕忽？最經典的例子應該是一月底英國政府以專機接回滯留在武漢的英國公民，卻被發現撤僑專車的巴士司機統統沒戴口罩。媒體詢問巴士公司，巴士公司直接把球踢給政府。政府的理由是：高危險的僑民都戴了口罩，我們健康人不用戴就被保護到了。對比其他亞洲國家撤僑時大陣仗的保護措施，英國人的大意果然讓他們在後來付出慘痛代價：三百多萬人確診、十多萬人死於新冠肺炎。

二月，疫情在亞洲迅速擴散，當我建議兩位即將前往日本出差的英國同事戴口罩時，他們很委婉地拒絕了我，理由是覺得只要聽從政府的指示，勤洗手就不會有問題。這件事讓我感到莫大的心理壓力，畢竟不只他們，整間公司、甚至全英國都不認為戴口罩是必要的防疫手段，不但民眾沒有戴口罩的習慣，政府推廣的衛教宣導短片也不主張戴口罩，而是宣導以打噴嚏或咳嗽時遮住口鼻，以及常洗手做為主要的防疫方法。

當時的英國醫療體系公認，戴口罩的防疫效果有限，無法阻絕病毒透過眼睛傳染的可能性，如果沒有勤換口罩更會對健康造成負面影響。「防疫專家」甚至說，戴口罩會製造假性安全感，讓人忽略洗手的重要！

聽到如此「有創意」的藉口，我打心底對英國人抗拒戴口罩的堅定意志「刮目相看」，更加相信英國人當年如何憑著堅強的意志力，以一介小島國家之姿，在二戰時成為唯一成功抵擋納粹德國侵略的國家（真心佩服，絕無諷刺）。

進入三月，政府繼續提倡「口罩無用論」的同時，英國境內的新冠肺炎確診數不斷攀升，從每日數百人確診到上千人，為了防堵疫情持續擴大，政府終於在三月二十三日宣布全國封城。封城期間除了醫護人員、警察等必要工作者必須出門工作，其他人一律在家工作，一天只能外出運動一次，剩餘時間都要待在家裡，家戶之間禁止互訪。此外，學校停課，所有商店、餐廳、酒吧、電影院、健身房等非必須店家統統關閉，只有超市對外開放。

即便執行如此大刀闊斧的防疫政策，卻還是沒有列入「戴口罩」。直到封城進入第八周，二〇二〇年五月十一日，英國因為疫情死了三萬多人，政府「終於」改口，表示在密閉場所把口鼻遮住有助防疫。雖然官方還是堅持大眾不要戴醫療用口罩，把它們留給醫護人員，至少終於承認口罩有用了，這應該是英國建國以來史無前例的創舉！

二〇二〇年六月四日，繼五月首次肯定口罩的防疫功能後，英國政府在死亡人數破四萬時，「超後部署」地頒布了搭乘大眾交通工具強制戴口罩的政策，不遵守者將被罰款。時間點晚了整整三個月，被諷刺就像是舉辦 baby shower 時才呼籲準爸媽記得使用保險套，讓人忍不住狂翻白眼。

更扯的是，明明已經後知後覺，這項政策還不是立即生效，而是六月十五日才開始執行。讓人不禁想問英國政府，戴口罩就戴口罩，不需要挑良辰吉時好嗎？自從這項政策公布後，許多嘴硬不怕死的英國人大表憤怒，甚至說寧願死也不願意戴口罩，真為「士可殺，不可強迫戴口罩」下了最完美的註解。

就在搭乘大眾交通工具強制戴口罩的政策上路同一天，政府也宣布了封城後的最大解禁——所有商店全部恢復營業。好笑的是，直到商店重新開門一個月後，政府才再次慢半拍地宣布，從七月二十四日起，進入商店必須戴口罩。奇怪了，六月十五日到七月二十三日這段期間不用戴口罩有什麼特殊原因嗎？還是過了一個月發現確診數又增加，所以「不得不」推出這項措施？

二〇二〇年八月底，因應中小學即將開學，戴不戴口罩再次成為焦點，英國政府再一次「不負眾望」地展現了在口罩政策上猶疑不決的態度。從一開始說全體師生不用戴口罩，到開學前幾天突然政策急轉彎，改成十一歲以上中學生必須戴口罩，但只需要在走廊等公共區域戴，在教室裡不用戴。

學生一天中待最久的密閉空間就是教室，如果要認真防疫，教室才是要加強的重點呀？英國政府的口罩政策就是這麼匪夷所思。當正讀小學三年級的小龍包堅持在學校一整天都戴口罩，只有吃午餐才拿下來時，竟然還受到老師的「柔性勸導」，理由是政府認為幼童感染新冠病毒的比例不像成年人這麼高，就算染疫通常也是輕症，所以十一歲以下的兒童不需要戴口罩。還好七歲的小龍包力排眾議，拒絕了老師的「好意」，成為全班唯一、全校唯三戴口罩上學的學生。

經歷了許多次轉折、延宕、落後世界其他國家防疫腳步好幾拍後，英國政府好不容易漸漸宣布在不同的室內場合需要戴口罩，並在二〇二〇年九月，也就是疫情已經在英國蔓延超過半年之後，終於將防疫口號改成「Hands, Face, Space」，要求大家以洗手、戴口罩遮住口鼻，以及保持社交距離這三個方法來防疫，算是正式向全國人民宣布戴口罩是防疫的主要方式之一。

對於口罩如此後知後覺，而且如此不乾脆、不簡單明瞭，加上諸多但書與奇怪的限制，這件事對我的衝擊實在太大了，而且想破頭都無法理解為何英國人會如此強烈抗拒。為此我訪問了很多人，歸納他們的說法，得到以下三個勉強可以解釋這詭異現象的答案（之所以說「勉強」是至今我還是覺得很扯！怎麼會有人像英國人如此冥頑不靈）。

第一個答案主張，口罩是給快死的人戴的。

傳統觀念上，英國人認為口罩是給病入膏肓的人戴的，他們認為只有病到那種程度的人才會渾身充滿病毒，需要用口罩來保護其他人，如果明明沒有病到那個程度，就不要戴口罩出來嚇人。

對！就是這麼荒謬，而且是存在於英國文化許久，已經根深柢固、很難改變的觀念。其荒謬程度好比某些國家的男性還是對女性保有處女情結般不可理喻，對於相信的人來說卻又如此堅不可摧。

第二個則是戴口罩會引人側目。

和世界上許多民族相比，英國人是非常低調的民族，他們痛恨在臉書上放閃，也不太習慣接受讚美，如果突然被稱讚總是尷尬癌發作，更別提在大庭廣眾下成為眾人矚目的焦點，絕對會要他們的命！

好死不死，在公共場合戴口罩就是個超容易引人注目的行為，一旦戴上口罩，就像為自己貼上「我是怪咖」的標籤。這導致英國人在疫情初期很難卸下心防，戴口罩成為極難克服的心理障礙。

最後是把臉遮住會讓人聯想到恐怖攻擊。

打從二〇一六年以來，歐美社會的恐怖攻擊事件愈來愈多，強化了西方人對於把臉遮住者的恐懼感。畢竟無論是你死我也死的自殺式炸彈客，還是瘋狂大屠殺的狙擊手，這些恐怖分子在肇事時，臉上大部分都是蒙住的，導致歐洲人一直對「把臉遮住」這件事心存疑慮，疫情初期歐美國家自然出現反口罩的聲浪。

由於對口罩的抗拒與不熟悉，西方人對戴口罩也產生了一些錯誤認知。譬如許多英國人堅持戴口罩會造成大腦缺氧，或是影響小朋友的腦部發育，世界衛生組織還為此在網站上特別澄清，並羅列了其他世界各地不同文化下的 COVID-19 迷思與不正確的防疫觀念，予以一一破除。

新冠疫情就像一面文化衝擊的照妖鏡，照出世界上各民族在防疫認知上的文化差異，也讓英國人不得不放下對口罩的成見，接受口罩能夠防止疫情擴大的事實。經過疫情的洗禮，目前在英國為了防疫主動戴上口罩，已經像常識一樣是大家公認且稀鬆平常的事，走在路上隨處可見戴口罩的英國人，進入店家或室內空間也絕對會將口罩戴好戴滿，之前那個人人抗拒戴口罩的英國，已恍若隔世般離我們很遙遠。

而對於視戴口罩為家常便飯的我來說，疫情期間除了親眼目睹這場別開生面的「口罩扶正記」，也再次被點醒了文化衝擊真的無所不在，千萬不要預設全世界的人都和自己有一樣的文化理解，即便是那些被我們視為常識的平凡事物，在來自其他文化的人眼中，可能都是從來沒聽過的科學新知。

同理心的使用方法

二〇一一年剛移民英國時，我家這個郡的教師工會和學校談判破裂，老師集體罷工。那時還沒生小孩，不覺得這場罷工對生活造成太大影響，只在心裡默默羨慕讀者先生不用上班。當時許多鄰居和朋友都是家有學齡兒童的父母，算是此次罷工的「受害者」，畢竟臨時安排托兒實在太不方便了。我曾好奇地問他們會不會反對教師工會的決定，沒想到所有人都說不但不反對老師罷工，還支持任何一個行業罷工，因為這是勞工向資方爭取權益的表現，人人都該尊重。

無獨有偶，朋友住的另一個郡剛好也有罷工，而且影響層面更廣，是專門負責收垃圾的清潔隊員。一旦他們罷工，就表示垃圾將有好一陣子必須堆在家裡。不像臺灣的垃圾車天天定時收垃圾，英國每周只收一次，而且這周只收一般垃圾、下周只收資源回收，就算清潔隊員只罷工一周，都表示無論是一般垃圾或回收，其中某一樣必須在家裡待滿至少兩周。但朋友同樣發現，她的英國鄰居雖然對於垃圾堆在家裡深感無奈，仍然支持清潔隊員罷工，原因也一樣，認為罷工應該是被尊重的勞工權益。

再說個影響範圍更廣、更讓人有感的罷工，那就是倫敦地鐵罷工。倫敦地鐵平均單日運輸量高達五百萬人次，其中涵蓋上班、上學的通勤族，以及來自世界各地的觀光客等，地鐵停駛不但會造成不便，更會打亂許多人的生活常規，影響如此嚴重，你可能會覺得總有人反彈了吧？

不，英國人寧願忍受種種不便，依然力挺罷工，他們知道勞工追求自己的權益天經地義，而且應該受到鼓勵。套句我住在倫敦的英國朋友的話：「今天我挺這個行業的罷工，下次輪到我的行業罷工，其他產業也會同樣支持我們的行動，理解我們的初衷。」

雖然知道英國是工會大發源地，工黨始終是英國前兩大黨之一，地位重要，但英國人如此無私地支持別人的罷工，甚至願意犧牲自己的便利，我真的非常驚訝並深深感動。朋友說的話似乎真的符合大部分英國人的想法，在這種「我為人人，人人為我」的心態驅使下，英國各行各業間都很尊重彼此的罷工，無形中提高了勞工階級的凝聚力，讓資方有所忌憚。

當然，大部分英國人之所以對罷工有如此高的容忍度，除了和他們可愛的同理心有關，也和無所不在的罷工文化有關。

根據統計，二〇一八年全英國共有八十一件罷工案，其中有三萬九千位勞工參與。簡單計算一下，表示平均每個月就有六・七五個罷工。根據臺灣勞動部統計，二〇一六年到二〇一九年這四年內，臺灣僅僅出現七次罷工，分別為二〇一九年的華航機師罷工；二〇一八年的富士全錄工會罷工、美麗華球場罷工、幸福高爾夫球場罷工；二〇一七年的普來利罷工；二〇一六年的空服員罷工、南山人壽罷工。平均下來，臺灣一年只有一・七五件罷工，和英國相差懸殊。

但你知道嗎？全年八十一件罷工這個數字竟然是英國一九三〇年來第二低的紀錄！正因為英國的罷工就是這麼多，英國人漸漸培養出處變不驚的能力，如果工作時被其他產業的罷工影響，雇主一般都能理解並給予彈性，畢竟罷工就是英國人的生活常態，如果不學著和罷工共處，日子將很難過。

英國人的將心比心還體現在全民健保上。

二〇〇八年第一次來英國時，我有好幾次看病不需要付錢的經驗，當時真的好驚訝。尤其當年申請的是志工簽證，新制尚未上路，還不需要在申請簽證時先付一筆一年近五百英鎊的健保費，完全是不折不扣地「看霸王病」，一毛錢都沒花到。

我問當時還是男友的讀者先生：「英國人在英國看病不用錢就算了，為什麼連像我這樣的外國人看病都不用錢？」我永遠都記得他回答時臉上那為國家感到驕傲的神情：「英國是世界上第一個發明公共健康保險制度的國家，NHS的存在目的是救人，任何來到我們國家的人都可以使用。」我再問：「但是我連健保費都沒繳，也可以享受這種福利？」他看我如此不了解被視為國寶的NHS，乾脆幫我上了一堂英國福利制度課，順便說明英國健康保險的設計。

讀者先生說，英國政府相信醫療服務是國家最重要的基礎建設之一，而不只是富人的特權。於一九四五年正式成立的NHS保障的是所有住在英國的人，無論貧富貴賤。經費主要來自稅收和有工作者每月繳交的健保費，如果你沒有工作、未成年或已退休，不需繳交任何費用。由於當年我申請的是志工簽證，本來就沒有收入，自然不用繳健保費，但依然能享受免費看病的福利。

聽到這裡我非常訝異，忍不住打斷他：「難道英國人不會覺得這種制度的設計不公平嗎？認真工作賺錢繳健保費的人，不會覺得心理不平衡嗎？」

沒想到讀者先生比我更驚訝，他從來沒想過這個問題，只覺得既然是社會福利國家，就要貫徹「能者多勞」原則，照顧弱勢本來就是應該的。他反問我：「難道讓已經沒有工作的人想辦法籌錢繳健保費，這樣就比較公平嗎？」

他進一步解釋，英國人面對健保的態度是從保障全民的角度去看的，不會計較誰繳的錢比較多，他們相信如果社會上充滿了沒錢看病的人，對一般人也不是件好事，因為可能衍生出更多社會問題，唯有全民都能獲得醫療保障時，國家才能進步。

這樣的好理念自然吸引了大批外來移民，尤其是來自醫療資源不足國家的移民，紛紛想移民英國以改善生活。這些移民除了逐漸稀釋英國的醫療資源，也讓ＮＨＳ的負擔更加沉重，使得英國政府決定從二〇一五年起，開始對於所有外籍居民或移民徵收ＮＨＳ使用費，一般在申請簽證時就會計入，目的是為了保障ＮＨＳ的有限資源，不會被快速成長的移民數量稀釋。

另一方面，英國健保對於住在英國的外國人和本國人一視同仁，沒有大小眼之分。二〇二一年初政府批准兩支可以預防新冠病毒的疫苗上市後，隨即焚膏繼晷地展開英國史上最大規模的疫苗接種計畫，從年齡最長、風險最高的八十五歲以上長者開始，一路打到風險最低的十八歲以上年輕人。該計畫的施打對象不分國籍或簽證種類，只要是合法居住在英國的人，政府就會安排免費的疫苗接種。回到那句老話：唯有當全民都獲得醫療保障時，國家才能進步。

事實上，對罷工和對健保的態度，只是眾多能顯示英國人深具同理心的事情中，其中兩件事而已。定居英國十多年，我發現英國人在令外國人感到很有距離、很保守的外表下，其實骨子裡是一群正義感十足的人，會堅持做自己覺得對的事，以及對國家、社會有益的事。不管有沒有人知道、無論是否被看到，他們都會默默做著這些由同理心出發，能讓世界往好的方向改變的事。

我想，或許英國最打動我的地方，就是這些有著小小怪癖、堅持著外國人看不懂的文化儀式，但內心其實非常溫暖的英國人。

ACROSS 054

大不列顛小怪癖：讀者太太的英國文化驚奇點評

作　　者—讀者太太 Mrs Reader
主　　編—邱憶伶
責任編輯—陳詠瑜
行銷企畫—林欣梅
校　　對—聞若婷
封面設計—FE工作室
內頁設計—張靜怡

編輯總監—蘇清霖
董 事 長—趙政岷
出 版 者—時報文化出版企業股份有限公司
一〇八〇一九臺北市和平西路三段二四〇號三樓
發行專線—（〇二）二三〇六—六八四二
讀者服務專線—〇八〇〇—二三一—七〇五
（〇二）二三〇四—七一〇三
讀者服務傳真—（〇二）二三〇四—六八五八
郵撥—一九三四四七二四時報文化出版公司
信箱—一〇八九九臺北華江橋郵局第九九號信箱
時報悅讀網—http://www.readingtimes.com.tw
電子郵件信箱—newstudy@readingtimes.com.tw
時報出版愛讀者粉絲團—https://www.facebook.com/readingtimes.2
法律顧問—理律法律事務所　陳長文律師、李念祖律師
印　　刷—勁達印刷有限公司
初版一刷—二〇二一年七月九日
初版五刷—二〇二二年十一月二十五日
定　　價—新臺幣三六〇元

時報文化出版公司成立於一九七五年，
一九九九年股票上櫃公開發行，二〇〇八年脫離中時集團非屬旺中，
以「尊重智慧與創意的文化事業」為信念。

大不列顛小怪癖：讀者太太的英國文化驚奇點評／讀者太太 Mrs Reader 著. -- 初版. -- 臺北市：時報文化出版企業股份有限公司, 2021.07
240 面；14.8×21 公分. --（Across；54）
ISBN 978-957-13-9048-2（平裝）

1. 社會生活　2. 文化史　3. 英國

741.3　　110008175

ISBN 978-957-13-9048-2
Printed in Taiwan